쇼펜하우어의 고통에 맞서는 용기

쇼펜하우어의 고통에 맞서는 용기

쇼펜하우어가 들려주는
의지 이야기

강용수 지음

|주|자음과모음

책머리에

쇼펜하우어가 들려주는 행복한 삶

쇼펜하우어는 독일의 철학자이자 염세주의자로 아주 유명해요. 염세주의는 삶을 싫어하고 그 의미를 부정하여 자살을 부추기는 사상이죠. 최근 우리나라에서 살기 싫다고 하여 자살이 증가하는 현상도 염세주의의 영향이라고 볼 수 있어요.

쇼펜하우어는 왜 염세주의에 빠졌을까요? 가난해서 그랬을까요? 아닙니다. 쇼펜하우어는 부유한 상인의 아들로 태어나 유럽 곳곳을 여행할 정도로 풍족한 삶을 누렸어요. 하지만 아버지가 죽고 자유분방한 어머니와 함께 살면서 문제가 생겼어요. 유년기 내내 어머니와는 사이가 좋지 않았어요. 이때부터 여성에 대한 혐오감을 갖게 되었지요. 친구가 없어서 외롭게 지내기도 했어요. 그는 전쟁을 겪으면서 당시를 지배했던 헤겔 철학에 반대했어요. 그래서 보란 듯이 헤겔과 같은 시간에 강의를 개설했지만 학생들은 헤겔의 강의실에만 몰렸지요.

그는 결혼도 하지 않고 평생 독신으로 살았어요. 고대 인도 철학에 빠져 기르던 개의 이름도 '아트만('숨' '호흡'이라는 뜻)'이라는 산스크리트어로 지었고요. 개, 특히 푸들을 무척 사랑하여 거의 30년 동안 푸들만 길렀고, 어느 곳이든 데리고 다녔어요.

쇼펜하우어는 삶을 혐오했지만 삶에 대한 집착도 강했어요. 이발사가 자기를 해칠지 모른다고 생각하여 절대 면도를 못 하게 했다거나, 잘 때는 베개 밑에 권총을 숨겨 두었다는 엉뚱한 일화도 있지요. 유럽에 콜레라가 번졌을 때 헤겔은 베를린에 그대로 남았다가 전염되어 죽었지만, 쇼펜하우어는 재빠르게 피신해 목숨을 건졌어요.

세상에 대해 염증을 느낀 그는 신의 존재를 믿지 않았어요. 신이 있다면 우리에게 삶의 고통을 주지 않았을 테니까요. 전쟁도 미리 막고 빈곤도 없앴을 수 있었겠죠. 신이 존재하지 않고 온 세상이 악과 무지로 가득 차 있다면 우리는 어떻게 살아야 할까요? 어떻게 해야 행복을 찾을 수 있을까요? 그 해답을 쇼펜하우어는 이 책에서 들려주고 있어요.

삶의 의미를 부정하면서도 쇼펜하우어는 72세까지 장수했어요. 그가 자살하지 않고 오래 산 이유는 무엇일까요? 사는 것에 어떤 재미를 갖고 있었을까요? 삶의 운명과 고통에 대해 쇼펜하우어와 함께 생각해 보고 '삶과 죽음의 번뇌'에서 벗어날 방법을 찾아봅시다. 그의 생각의 비밀은 무엇일까요?

강용수

차례

2

삶에의 의지

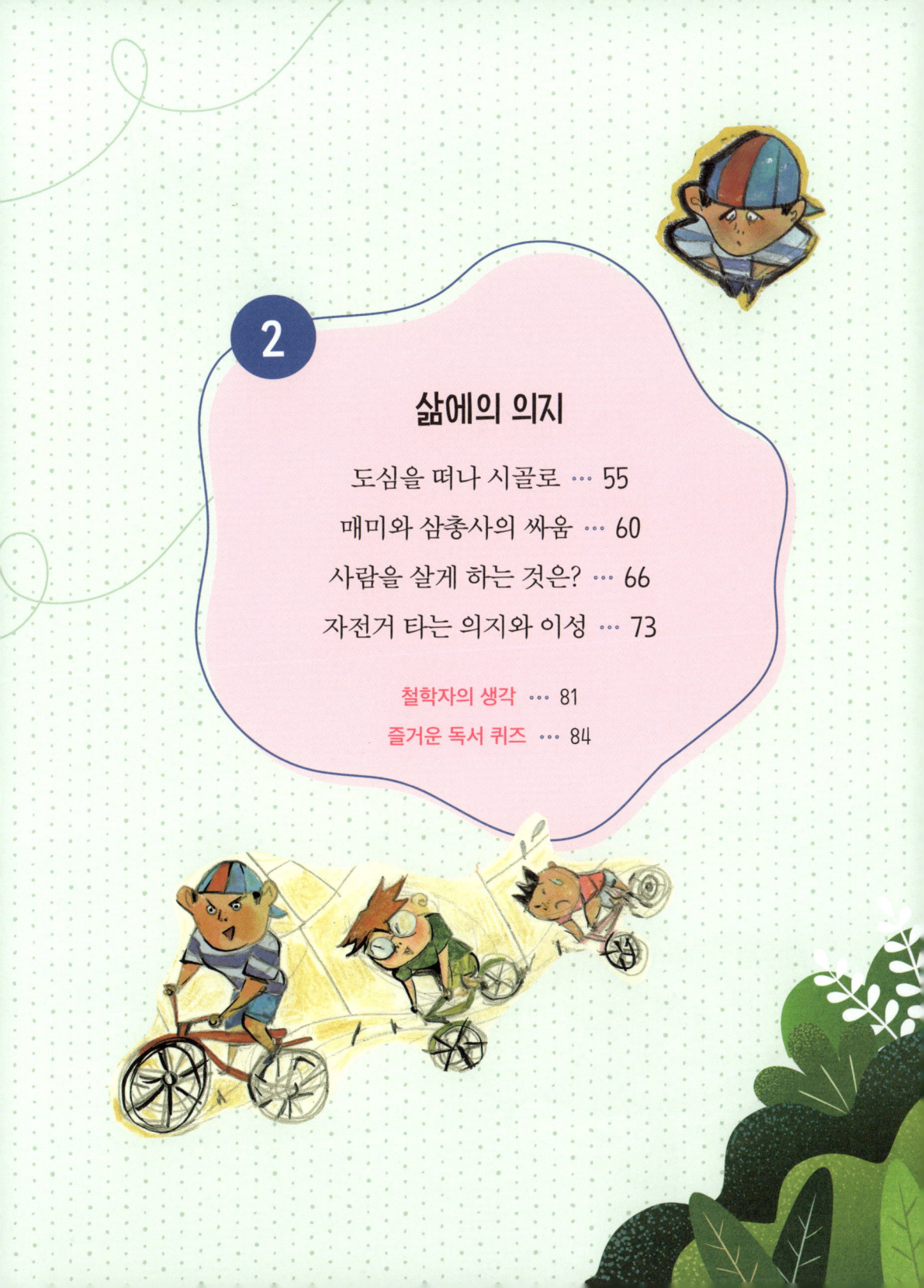

3

고통으로 이루어진 삶

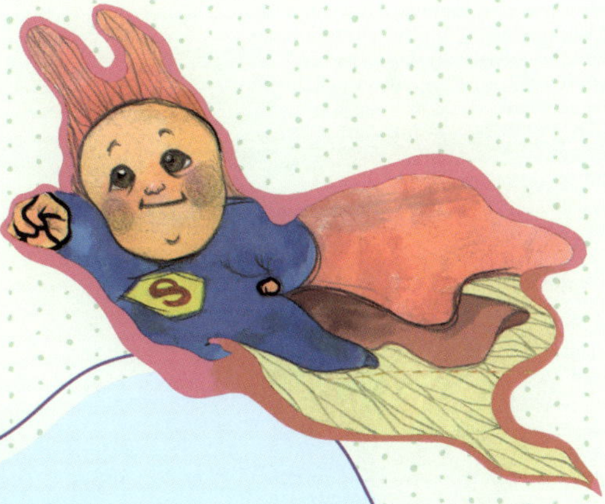

4

행복에 이르는 길

등장인물

현호

인수, 동준이와 함께 삼총사를 결성한 현호. 동네에서 놀 때는 개구쟁이지만 철학적인 질문을 할 줄 아는 사려 깊은 친구다. 이번 여름방학에는 삼총사가 시골 외갓집에 가기로 했다. 방학 과제를 곤충 채집으로 정했기 때문. 말이 과제이지 사실은 놀 계획으로 머리가 꽉 차 있다. 그런데 인수의 만행으로 모든 계획이 수포로 돌아가게 생겼으니, 이게 웬 날벼락이람.

인수

장난꾸러기 인수도 삼총사의 일원. 장난기가 많아 이런 저런 작은 사고를 치는 능청스러운 악동. 현호, 동준이와 함께 방학 여행을 가서 동물에게 고통을 주는 행동을 하여 현호와 몸싸움까지 벌이게 된다. 무릎을 다쳐 병원 신세를 지게 된 인수. 친구와 싸우고 몸도 다치고 시골 여행도 망쳐 버렸다. 인수는 과연 아픈 만큼 성숙해졌을까?

동준

동준이는 현호, 인수와 같은 반의 반장이다. 공부 잘하는 모범생이자 친구들 사이에서 늘 믿음직스럽게 행동하는 동준이. 현호, 인수와 시골 여행에 가서 둘의 싸움을 말려 보지만 사고를 막을 수 없었다. 갑작스레 아버지가 사업에 실패해 빚을 지게 되고 지방으로 전학을 하게 된다. 멀리 가는 동준이 때문에 현호, 인수는 고통스러운 눈물을 흘린다. 전학 간 동준이는 현호, 인수에게 우정의 편지를 띄우는데…….

영민이 외삼촌

현호의 외삼촌이자 청년 철학자. 시골 여행에 가서 동물에게 고통을 주고, 친구끼리 싸우는 삼총사를 보고는 쇼펜하우어의 철학 이야기를 들려준다. 동물과 사람은 똑같이 삶에의 의지로 살아간다는 것, 순간의 쾌락과 욕망에서 벗어나는 삶을 살아야 행복에 이를 수 있다는 것 등등. 외삼촌 덕분에 엉망진창 시골 여행이 깨달음을 얻는 여행이 되었다.

욕망이라는 맹목적인 의지에서 벗어나라!

쇼펜하우어

인생은 비극이자 불행이라고 말한 염세주의 철학자. 괴팅겐 대학에서 철학을 공부하고 예나 대학에서 박사 학위를 받은 후 철학을 가르치기도 했지만, 평생 결혼하지 않고 자신만의 철학을 연구하며 삶을 마쳤다.

칸트의 영향을 받은 쇼펜하우어는 대표작 『의지와 표상으로서의 세계』에서 칸트의 '물자체'를 맹목적인 '의지'로, 칸트의 '현상'을 '표상'으로 계승하여 설명했다. 세계는 맹목적인 인간의 생존 '의지'로 움직여지며, 그 의지가 밖으로 드러난 것이 '표상'의 세계이다. 따라서 우리가 살아가는 세계는 진정한 실재가 아니라 맹목적 의지로 발현되는 주관적인 표상에 지나지 않는다. 이 의지는 충동과 욕망을 뜻하는데, 이는 결코 충족될 수 없기에 인간은 늘 고통을 받는 존재라고 말했다. 따라서 고통에서 해방되려면 의지를 따르지 않는 금욕주의 생활로 행복에 도달해야 한다고 주장했다. 이러한 쇼펜하우어의 철학은 당시를 지배했던 과학적, 합리적인 이성 철학에 도전하는 것이었기에 철저히 외면받았다. 하지만 이성주의 세계관이 허물어지면서 현대 사회의 중요한 철학으로 다시금 떠올랐다.

프롤로그

진격의 삼총사가 나가신다!

“드디어 우리 삼총사가 간다!”

시끄러운 꼬마 세 명과 배가 남산만 하게 부른 임신부가 탄 은색 차가 복잡한 도심을 지나 고속도로가 시작되는 한적한 입구로 들어섰어요.

이 세 명의 주인공이 바로 현호와 인수, 동준이에요. 여름방학 숙제가 곤충 채집이라는 걸 알자마자 현호는 엄마를 졸랐어요. 친구들과 함께 외갓집으로 곤충 채집을 가겠다고요. 엄마의 승낙을 받고 나서는 길이 이렇게 신날 수가 없어요. 현호의 막내 이모도 같이 가게 되었어요. 배가 부른 이모는 아기를 낳아야 해서 친정으로 쉬러 가는 것이지요.

시골 들판에서 채집할 여러 신기한 곤충들, 또 가장 친한 친구들과 함께 시원한 냇가에서 맘껏 뛰어놀 생각만으로도 이 장난꾸러기 삼총사의 마음은 하얀 구름처럼 파란 하늘을 둥둥 떠다니고 있어요.

그런데 형제도 아닌 친구 세 명이서 어떻게 한꺼번에 시골로 떠날 수 있었을까요?

현호, 인수, 동준이는 같은 아파트 단지에 있는 유치원에 다닐 때부터 줄곧 사이좋게 지낸 친형제 같은 사이예요. 아이들끼리 워낙 친하다 보니 부모님들도 서로 알게 되었고, 지금은 사이가 너무도 좋으시지요. 이웃사촌이라는 말을 직접 경험하며 지내고 있어요. 이번 독일 월드컵 경기가 있었을 때에도 현호, 인수, 동준이와 부모님들이 모두 모여 축구를 보면서 함께 응원했을 정도예요. 그래서 현호네 외갓집으로 놀러 가는 것을 허락받는 것은 그리 어려운 일이 아니었어요.

말썽꾸러기는 아니지만 심하게 외향적인 현호, 장난기도 많고 활발하지만 한편으로 정도 많은 인수, 학급 반장이면서 현호와 인수보다는 눈에 띄게 얌전한 모범생 동준이는 형제처럼 가까운 친구예요.

이런 친구 셋이 방학에 숙제를 핑계로 신나게 놀 수 있는 시골에 간다는 사실은 충분히 흥분할 만한 일이지요.

"얘들아, 막내 이모 계시니까 조용히 해야지."

운전을 하는 현호 아버지께서 짐짓 엄하게 한마디를 하셨어요. 출산을 앞둔 막내 이모의 배 속에는 아기가 자라고 있다고 해요. 그리고 그 아기를 곧 볼 수 있을 거라고 어른들이 말했어요.

이모의 배 속에서 아기가 자라고 있다는 것이 현호와 인수, 동준이는 마냥 신기하기만 할 따름이에요.

평소에도 반장다운 동준이가 "얘들아, 우리 조용히 하자"라며 어른스럽게 말했어요.

현호와 인수도 고개를 선선히 끄덕였어요. 잠시 설레는 마음은 접어 두고 이제 제법 자란 배 속의 아기 때문에 힘들어하시는 이모를 위해 삼총사는 가는 동안만큼은 얌전히 있을 생각이에요. 하지만 그 무엇도 현호와 인수, 동준이의 눈망울에 가득 찬 기대는 막지 못할 것 같네요.

하루는 작은 일생이다.

아침에 잠이 깨어 일어나는 것이 탄생이요,

상쾌한 아침은 짧은 청년기를 맞는 것과 같다.

그러다가 저녁, 잠자리에 누울 때는

인생의 황혼기를 맞는 것임을 알아야 한다.

— 쇼펜하우어

1

산다는 것과 죽는다는 것

와! 신나는 여름방학.
장난꾸러기 삼총사가 현호네 외갓집으로
시골 여행을 떠난다!
산에 가서 신기한 곤충들을 볼 수 있는
자연 체험 학습의 기회.
장수풍뎅이도 보고 매미도 잡아야지…….
길을 비켜라, 진격의 삼총사가 나가신다!

삼총사의 여름방학

“아저씨, 안녕하세요!”

아파트 입구에서 청소하고 계시는 수위 아저씨에게 현호는 여느 때처럼 우렁차게 인사해요.

“허허허, 현호 학교 가는구나.”

“네, 오늘 여름방학 해요!”

“신나겠구나, 그래 잘 다녀오너라.”

서둘러 뛰어나온 현호는 인수와 동준이를 기다리고 있어요. 현호, 인수, 동준이는 이 아파트를 지키는 ‘삼총사’라고 자부하지만 201동, 202동 주민들에겐 마냥 같이 몰려다니는 귀여운 장난꾸러기들일 뿐이지요. 저기 멀리서 인수와 동준이가 손을 흔들며 뛰어오고 있어요.

"넌 웬일로 이렇게 일찍 나왔니, 지각 대장이?"

매일 학교 가는 길에 현호를 기다렸던 인수와 동준이가 입을 모아 이야기해요.

"오늘 방학하는 날이라고 생각하니까 저절로 눈이 떠지더라고. 신나는 여름방학이잖아. 흐흐."

"맞아, 그건 그래. 나도 새벽 다섯시에 눈이 떠졌다니까. 참 너희 여름방학 때 어디 가니?"

"글쎄, 우리 저번에 다 같이 동해에 갔잖아? 올해도 다 같이 바닷가에 가자고 해 볼까?"

이때 인수가 냉큼 대답해요.

"그래, 맞아. 바다 한가운데에서 누구는 팬티를 잊어 먹었지, 아마? 으하하."

작년 여름휴가 때 삼총사의 식구들은 다 같이 모여 동해에 갔어요. 대식구의 이동이었으니 쉽지만은 않았지만, 그래도 너무 즐거운 시간을 보냈어요. 그중에서 가장 큰 사건은 바다에서 실컷 수영을 한 현호가 인수와 동준이랑 물놀이를 하면서 일어났어요. 예쁜 누나의 뒤를 쫓아간다고 너무 멀리까지 갔던 현호의 수영복이 벗겨진 거예요. 현호는 수영 팬티가 벗겨진 줄도 모르고 성큼성큼 모래사장을 향해 걸어 나왔고, 그 광경을 본 식구들과 친구들이 달려들어 현호를 가려 주었어요. 그 후 이 일이 세 집안의 전설이 된 것은 두말할 필요가 없어요. 1년이 지난 아직도 친구들의 놀림감이 되고 있으니 말이에요.

"야! 내가 그 얘기 하지 말랬지!"

얼굴이 금방 새빨개진 현호가 냅다 소리를 질렀어요.

하지만 아직도 인수의 표정에는 능청스러운 웃음이 흐르고 있어요. 작년 여름방학이 끝나자마자 이 불상사(?)를 현호네 반 아이들이 다 알게 된 것도 바로 인수 때문이라고 할 수 있어요.

"야, 그만 학교 가자. 늦으면 어떻게 해."

얌전한 데다 모범생인 동준이는 역시 반장답게 아이들을 재촉했어요.

"그래, 누가 먼저 가나, 시작!"

'시작' 소리가 끝나자마자 달리는 인수의 뒤로 현호와 동준이가 달려가요. 삼총사의 여름방학이 시작되고 있어요.

출동, 곤충 채집을 위하여!

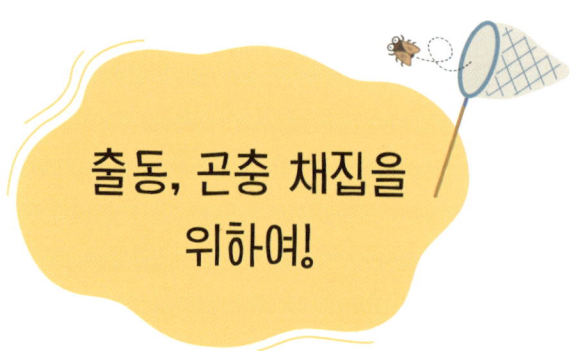

반장인 동준이는 담임 선생님이 계신 교무실로 갔어요. 반 아이들에게 나누어 줄 여름방학 유인물을 받기 위해서죠. 현호와 인수는 나란히 시끌벅적한 교실로 들어섰어요. 다들 여름방학이라는 사실에 들떠 있어요.

"야, 이번에 방학 숙제가 장난 아니래."

"몰라, 몰라. 난 이번 여름방학에 미국에 있는 고모 집에 가기로 했어. 어학 연수 겸해서 신나게 놀다 올 거야."

반 아이들이 방학 계획에 대해 재잘대는 사이 담임 선생님과 함께 동준이가 들어왔어요.

"자, 모두 자리에 앉아라. 반장은 유인물을 나눠 주고."

"네."

아이들이 모두 자리에 앉기는 했지만, 오늘 같은 날은 여느 때처럼 조용한 분위기를 만드는 것이 참 어려워요. 담임 선생님도 방학이 즐거운 모양이에요. 기대에 들뜬 아이들과 시끌벅적한 교실 분위기를 슬쩍 넘어가 주었어요.

나란히 앉아 여름방학 숙제 유인물을 훑어보던 현호와 인수가 얼굴을 찡그리고 있어요.

"어유, 숙제 언제 다 하냐?"

언제나 명랑 쾌활한 인수가 심각한 표정으로 말하는 것을 보니 정말 숙제가 많긴 많은가 봐요.

"나는 숙제보다 방학 때 학원 다니는 게 더 싫어. 방학 하나 마나잖아. 우리 학원 개학은 언제 하지?"

학교 여름방학에 맞추어 학원도 같이 방학을 하긴 하지만, 일주일밖에 되지 않는 방학 기간은 사실 방학이 아니라 짧은 휴가일 따름이에요.

"선생님이 다음 주부터 학원 나오라고 그러셨던 것 같긴 한데."

"어유, 모르겠다."

유인물을 접으며 현호가 한숨 쉬듯 내뱉었어요.

"야, 근데 이거 봐 봐!"

인수가 가리키는 곳은 생활 학습란이었어요. 숙제 중에서 자기가 하고 싶은 것 한 가지만 선택해서 하는, 말 그대로 여름방학 동안 해야 할 생활 학습이에요.

"왜? 뭔데?"

"이거, 이거! 곤충 채집 말이야. 우리 이 중에서 곤충 채집 하자! 너랑 나랑 동준이랑 같이 곤충 채집 하러 가면 재밌겠다!"

유인물을 다 나누어 주고 자리로 돌아온 동준이가 물었어요.

"왜, 왜? 뭔데?"

"동준아, 여름방학 숙제는 곤충 채집으로 정하자! 재밌겠지, 재밌겠지?"

현호도 아까와는 달리 금세 환한 표정으로 말해요.

"그래, 우리 이걸로 하자. 우리 외삼촌이 생물 공부하니까 도와달라고 하면 돼!"

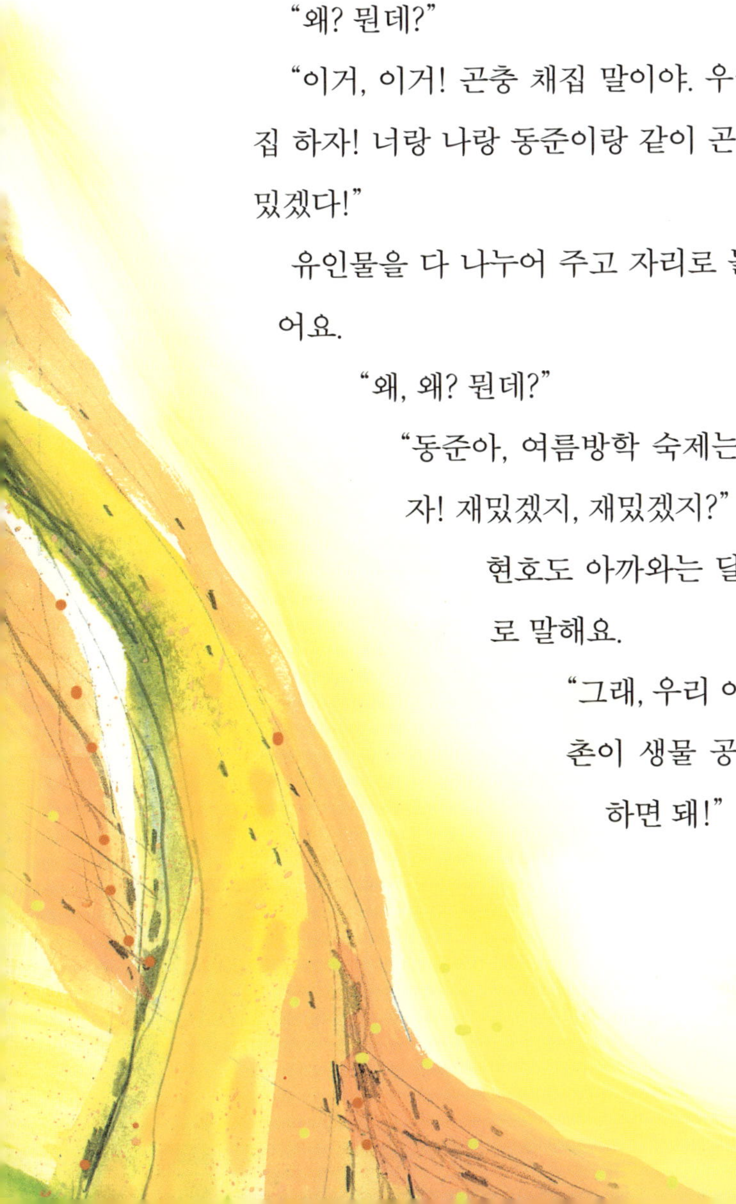

현호의 외삼촌은 생물학, 그중에서도 곤충학을 전공하는 대학생이에요. 현호가 어렸을 때부터 함께 놀아 주면서 곤충 이야기를 많이 해 주어서 그런지, 현호 또한 곤충에 관심이 많아요. 현호의 외삼촌은 군대를 제대하고 지금 외가에 있어요. 곤충 채집 갈 생각을 하니 현호는 새삼스레 외삼촌이 보고 싶었어요. 더구나 잠시라도 학교와 학원에서 벗어나 외할머니께서 만들어 주시는 맛있는 음식도 먹고 뒷산과 냇가를 맘껏 뛰놀면서 곤충을 잡을 수 있다고 생각하니 현호는 당장이라도 시골에 가고 싶었어요.

"그래, 재밌겠다. 나도 같이 갈래!"

여간해서는 큰 소리를 내지 않는 얌전한 동준이조차 목소리가 들뜬 것을 보니, 이 삼총사의 마음은 벌써부터 산으로 달려가 곤충을 잡고 있는 듯해요.

"자, 오늘이 바로 여러분이 그렇게 기다리던 여름방학이에요. 다들 빨리 집에 가고 싶지?"

"네에!"

아이들이 마치 먹이를 받아먹는 아기 새처럼 입을 한껏 벌려 소리를 질렀어요.

"아이고, 선생님 귀청 떨어지겠구나. 다들 조금만 조용히 하자. 여름방학 시작하기 전에 선생님이 여러분한테 해 줄 말이 몇 가지 있어요. 우선 더운 여름이니까 음식이 상하기가 쉬워요. 그러니까 여름에는 음식을 조심해서 먹어야 해요, 알겠죠?"

"네에!"

"집에서도 부모님 말씀 잘 듣도록 하고, 숙제도 열심히 해 오고, 여름방학이 끝나면 우리 친구들 좀 더 어른스러운 모습으로 만나기예요. 알았지요?"

"네에!"

"자, 이상."

선생님의 말씀이 떨어지기가 무섭게 동준이가 벌떡 일어났어요.

"차렷! 경례!"

"감사합니다!"

아이들은 동시에 벌떡 일어나 집에 갈 준비를 했어요. 현호와 인수, 동준이의 곤충 채집 이야기는 끝날 줄 모르고 이어졌어요.

"그럼 우리 곤충 채집하러 어디로 가?"

동준이가 가방을 챙기면서 현호와 인수에게 물었어요.

"우리 외갓집으로 가자! 거기 뒷산에 신기한 곤충들이 많이 살아. 저번에 외삼촌 휴가 나왔을 때 같이 갔는데, 나 장수풍뎅이도 잡았어."

자랑 아닌 자랑을 현호가 늘어놓았어요.

"그래, 그럼 우리 오늘 엄마 아빠한테 허락받고 바로 가는 거다!"

인수가 다시 한번 다짐을 받아 내듯 말해요. 이렇게 곤충 채집을 위한 삼총사의 원정이 시작되었어요.

사람은 왜 살고 죽을까?

"엄마! 엄마!"

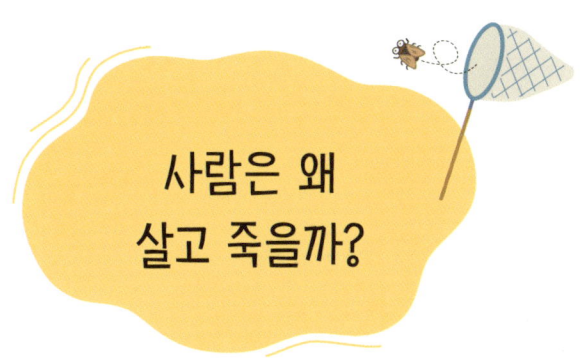

현호가 현관문을 열자마자 엄마에게 어리광을 피우듯 달려갔어요. 아까 인수, 동준이와 약속한 곤충 채집 이야기를 하려는 거예요. 아빠의 허락을 받기 전에, 엄마의 사전 검열은 필수이기 때문이지요.

"그래, 현호 학교 다녀왔니?"

엄마는 보이지 않고 엄마의 목소리와 맛있는 음식 냄새만 현호를 맞이하는 것으로 보아 점심 준비에 여념이 없으신 것이 분명해요. 신발을 막 벗으려는 현호의 눈에 낯선 신발이 하나 보였어요. 리본이 달린 예쁜 분홍색 단화의 주인

공은 바로 현호가 가장 좋아하는 막내 이모였어요.

"앗! 꼬맹이 이모!"

"이 녀석이……" 하면서 현호의 머리를 콩 쥐어박는 이모는 환하게 웃으면서 현호를 맞아 주었어요.

이모에게 장난을 치려는 현호에게 엄마는 "김현호, 이모 지금 힘드니까 너무 매달리면 안 돼" 하고 나무랐어요.

그도 그럴 것이 막내 이모는 지금 임신 중이에요. 아기가 나올 때가 다 됐기 때문에 배가 많이 나왔다고 해요. 이모 얼굴에 피곤한 기색이 가득해요.

엄마는 주방에서 뒤돌아보지도 않고 현호가 뭘 하는지 다 보이는 것처럼 말했어요. 역시, 엄마는 속이려야 속일 수가 없는 모양이에요.

"꼬맹이 이모, 많이 아파?"

"괜찮아. 아픈 게 아니고, 배 속의 아기가 너무 커서 조금 힘들어서 그런 거야."

"음, 이모가 아기를 낳으면 내 동생이 되는 거야?"

"그럼, 조금만 기다리면 현호에게 동생이 생기는 거야."

신기해하는 현호가 귀엽다는 듯 이모는 현호의 볼을 살짝 꼬집으며 말했어요.

"현호야, 밥 먹어라. 손 먼저 씻고."

엄마가 식탁 위에 푸짐한 음식을 차려 주었어요.

현호는 가방을 내려놓고 후딱 손을 씻고 나왔어요. 현호가 좋아하는 꼬마 돈가스를 보니 갑자기 막 배가 고파졌어요.

김이 모락모락 나는 꼬마 돈가스가 제일 먼저 현호의 입 속으로 한가득 들어갔어요.

"그럼, 이번에 우리 현호랑 어디로 놀러 갈까? 어디 가고 싶니?"

그때까지만 해도 현호는 밥을 먹느라 정신이 없었는데, 이모의 단 한마디에 꼬마 돈가스를 봤을 때보다 눈이 더 커졌어요. 바로 지금이 곤충 채집 이야기를 꺼내야 하는 타이밍이에요.

"얘는 무슨 소릴. 놀러 가긴 어딜 놀러 가. 현호는 학원에 다녀야지."

"엄마아! 학원도 오늘부터 일주일 동안 방학이에요!"

"시끄럽게 할래. 어서 밥부터 먹어."

엄마의 한마디에 현호는 고개를 숙이고 다시 밥을 먹었어요. 그러면서 막내 이모를 최대한 불쌍한 눈으로 바라보

왔어요.

"이모……."

"걱정 마, 현호야. 이번에는 우리 시원한 계곡으로 가자."

"우아! 어디요? 어디에 있는 계곡이요?"

엄마도 슬슬 관심이 끌리는 듯 말했어요.

"휴가를 가야 하긴 하는데. 그런데 너, 어디 말하는 거니? 그리고 그 몸으로 어떻게 가려고 그래?"

"아니, 왜 우리 시골집 근처에 있는 계곡 말이야. 저번에 영민이가 휴가 나왔을 때 갔던 거기."

현호도 기억이 났어요. 군대에서 열심히 나라를 지키고 있던 외삼촌이 휴가를 나와서, 가족끼리 외갓집 근처의 계곡에서 물놀이도 하고 맛있는 것도 먹었어요. 현호는 또 수영복이 벗겨질까 봐 아주 조심조심 놀았던 기억이 났어요.

"와! 그럼 우리 외갓집에 가는 거예요?"

"그래, 어차피 내일이나 모레, 이모는 외갓집에 갈 거야."

"어, 왜요?"

"현호 동생이 나올 때가 다 돼서, 꼬맹이 이모가 외할머니가 많이 보고 싶단다."

빨갛게 익은 먹음직스러운 사과를 깎으면서 엄마가 말했

어요.

"참, 엄마. 이번에 여름방학 숙제로 곤충 채집이 있는데요. 인수랑 동준이랑 같이 외갓집 가서 곤충 채집하면 안 돼요?"

"곤충 채집?"

"네. 숙제는 잘해 가야 하는 거잖아요. 대학생 외삼촌이랑 같이하면 숙제를 더 잘할 수 있을 거예요. 그치, 꼬맹이 이모?"

현호는 혹시나 하는 마음에 곤충 채집이 '방학 숙제'라는 것을 강조했어요. 막내 이모도 현호의 편이 되어 주었어요.

"그럼 잘됐네. 나 내려갈 때 애들도 같이 데리고 가지, 뭐. 마침 영민이도 집에 있잖아."

엄마가 걱정스러운 표정을 지었어요.

"애들이 많이 시끄럽게 굴 텐데, 괜찮겠니?"

"괜찮아. 애들이 집에 가만히 있겠어? 아마 영민이 졸라서 여기저기 돌아다니겠지."

현호는 마저 남은 밥을 먹으면서 엄마한테 어리광을 피웠어요.

"엄마, 우리 조용히 있을게요. 시골 가서 숙제도 열심히 하고요…….”

“시끄러워. 지금 이모 배 속에 아기 있는 거 알지? 너희들 까불고 그래서 이모 아프면 정말 알아서 해. 이모랑 같이 내려갈 땐 얌전히 가야 해. 안 그러면 아빠한테 혼내 주라고 할 거야.”

반쯤 허락한 엄마한테 현호는 내심 어른스럽게 말해요.

“네! 걱정 마세요, 엄마.”

그래도 외갓집에 갈 생각을 하니 마냥 신이 나는 건 어쩔 수가 없었어요.

“참, 얘. 거 왜 시골집 옆에 사시던, 엄마 친구분 있잖아.”

“응. 갑자기 왜?”

“그분이 돌아가셨다네.”

응? 이건 또 무슨 말일까요?

“언제?”

이모도 놀라면서 되물었어요.

“그저껜가, 엄마한테 전화가 왔는데 목소리가 너무 안 좋더라고. 그래서 무슨 일 있는지 여쭤 봤더니 그분이 돌아가셨다는 거야.”

“아니, 왜? 몇 달 전에 갔을 때만 해도 정정해 보이시던

데…….”

현호도 덩달아 질문을 쏟아 냈어요.

“지난번에 시골 갔을 때, 백설기도 쪄 주시고 나한테 용돈도 주셨던 할머니? 아파 보이지 않으셨는데…….”

“그러게 말이다. 뭐, 특별한 건 아니고. 노환이지, 뭐.”

“이모, 노환이 뭐야?”

“응, 사람이 살아가기에 너무 많은 세월을 살아서 몸이 제 기능을 다하지 못하는 거야.”

엄마가 남은 사과 하나를 현호에게 주면서 이모랑 계속 이야기를 나눴어요.

“원래 당뇨로 계속 고생하셨대.”

“어머, 그래?”

이모의 낮은 탄식 소리와 함께 현호의 마음도 덩달아 무거워졌어요. 그 인상 좋았던 할머니가 돌아가시다니, 불현듯 현호의 머릿속에는 작년에 돌아가신 친할머니가 떠올랐어요. 돌아가시기 며칠 전 병원에서 까맣게 변한 할머니 얼굴을 보면서 눈시울을 적셨는데, 그것이 할머니의 마지막 모습이 되리란 걸 현호는 정말 알지 못했어요.

엄마를 따라 처음 갔던 영안실은 많은 사람들로 북적였

고, 그때 현호는 '죽음'이라는 것을 처음 경험했어요.

"현호, 밥 다 먹은 거니?"

멍하니 앉아 있는 현호에게 엄마가 재촉했어요.

"엄마, 사람은 왜 태어나서 살다가 죽는 거예요?"

갑자기 현호가 뜬금없이 질문을 했어요.

"얘는 별소리를 다 하네."

"언니는…… 이럴 때 잘 대답해 줘야 애들 생각도 깊어지는 거라고."

"그래, 현호야. 그렇게 뭐든지 '왜'라는 생각을 해 봐야 해. 그리고 스스로 답을 찾으려고 생각하는 것도 중요해."

이모는 현호의 머리를 쓰다듬었어요. 그리고 곧 말을 이었어요.

"사람은 우연히 태어나게 되고, 살아가게 되고, 또 죽게 되어 있어."

"그럼, 뭐가 우리를 살아가게 하는데요?"

"음, 글쎄……."

현호는 고개를 갸우뚱하면서 말했어요.

"참 이상해요."

이모는 미소를 지으면서 현호의 머리를 쓰다듬었어요.

"우리 현호가 많이 컸구나. 그런데 지금은 이모가 좀 쉬어야 할 것 같으니까, 우리 좀 더 생각해 보도록 하자."

"그래, 좀 누워서 쉬어. 현호야, 작은 방에 이모 이불 좀 깔아 줄 수 있지?"

"네!"

현호는 이모의 이부자리를 깔면서도 '왜'라는 의문이 머릿속에서 떠나지 않았어요. 물론 얼른 인수와 동준이에게 달려가서 시골 외갓집에 가게 되었다는 이야기를 해야 한다는 생각이 들었고, 나중에 영민이 외삼촌한테 '사람은 왜 사는지 꼭 물어봐야지' 하고 다짐했어요.

네 생각은 어때?

모든 사람은 우연히 태어나 일생을 살아가고, 또 죽음을 맞이해요. 결국 인생은 죽음으로 끝을 맺기에 삶의 의미를 부정하는 염세주의 철학이 등장했어요. 이런 철학의 영향을 받아 자살을 택하는 사람도 있지요. 여러분이 생각하는 죽음은 어떤 것이며, 자살은 과연 옳은 행동일까요?

▶ 풀이는 146쪽에

여행 준비

이모는 낮잠을 자고 있어요. 현호는 시골 갈 마음에 벌써부터 들떠 있고요. 일주일 동안 있어야 하니 시골에 가져갈 것이 너무 많아요. 가장 중요한 곤충 채집을 위해 포충망과 채집통을 찾느라 온 집 안을 돌아다니고 있어요. 작년에 쓰던 포충망은 다 찢어지고 채집통도 부서져 쓸 수 없어 보여요.

망가진 포충망과 채집통을 들고 현호는 굳은 결심을 했어요. 이렇게 망가진 것으로는 도저히 숙제를 할 수 없으니 사 달라고 할 생각이에요. 보나마나 작년에 쓰고 아무렇게 놓아두었기 때문이라고 혼날 게 뻔하지만 그래도 사야 할

듯해요.

엄마가 있는 안방 문을 살짝 열어 보니 누군가와 통화 중이에요.

“무슨 이사를 그렇게 급하게 해? 우리한테라도 얘기를 했어야지.”

누굴까 궁금했지만 참았어요. 현호는 당장 급한 곤충 채집 준비물을 사 달라는 이야기를 어떻게 해야 할지 고민 중이에요.

“그래, 알았어. 애들이 시골에 간다고 하니까 일단 보내자고. 보내 놓고 우리 다시 얘기해. 아무리 그래도 너무 서운하다, 정말.”

고개를 돌려 현호가 문 앞에 있는 걸 보고 엄마는 서둘러 전화를 끊었어요.

“그래, 알았어. 다시 얘기해. 끊자.”

현호는 엄마와 통화한 사람이 누군지 궁금했지만 묻지 않았어요. 대신 엄마에게 안겨 어리광을 부렸어요.

“엄마…….”

“아니. 얘가 왜 이래, 징그럽게?”

현호는 엄마 등 뒤에서 포충망과 채집통을 꺼내 보였어

요. 구멍 나고 부서진 부분이 엄마에게 특히 잘 보이도록 말이에요.

"엄마, 이거 봐요. 곤충 채집은커녕 벌레가 우리를 잡아먹을지도 몰라요. 우리 마트 가요, 네?"

엄마는 잠깐 생각하는 것 같더니 이내 입을 열었어요.

"그래. 현호야, 마트 갈 준비 해라. 이거 말고 뭐가 더 필요한지 꼼꼼하게 생각해 봐."

엄마에게 한바탕 잔소리를 들을 것이라고 생각했던 현호는 내심 당황스러웠지만 엄마 마음이 바뀌기 전에 얼른 일어나 신발을 신었어요.

마침 현호네 외갓집에 가는 것을 허락받은 인수가 기쁜 소식을 전하러 놀러 왔어요.

현호와 인수는 시골에서 필요한 물건을 사러 마트에 가는 길이 신나기만 해요. 그러나 마트 가는 길 내내 엄마 표정이 좋아 보이지 않아 현호는 엄마 얼굴을 자꾸만 쳐다보았어요. 그리고 엄마 손을 더 꽉 잡았어요.

현호와 인수를 내려다보며 씽긋 웃어 준 엄마는 마트에 도착하자 곤충 채집에 필요한 준비물을 두 개씩 골라 주었어요.

"엄마, 나 하나씩만 있으면 되는데?"

"어, 이거 동준이 거야. 동준이 아줌마가 우리 현호 무지 예뻐해 주잖아. 그래서 엄마도 동준이에게 선물해 주고 싶어서……."

고개를 갸우뚱거리는 현호를 두고 엄마는 반바지와 티셔츠, 모자와 슬리퍼 등 꼭 필요한 것도 아닌데 계속 물건을 담고 있어요. 모두 두 개씩 고르고 있고요. 사실 옆에 있던 인수는 이런 현호 엄마가 서운하기도 해요. 세 명이 다 친한 친구이고, 부모님들끼리도 다 친한데 유독 동준이 물건만 고르는 현호 엄마가 인수는 이해가 가지 않았어요. 물론 현호도 엄마의 이런 갑작스러운 행동에 영문을 모르겠다는 표정이에요.

"야, 동준이가 반장이고 아무리 예뻐도 너희 엄마는 어떻게 동준이 것만 사냐?"

뾰로통해진 인수가 한마디 던졌어요.

"나도 모르겠어. 지금은 엄마 기분이 별로니까 말대꾸하면 안 돼. 조용히 가자."

현호가 눈치를 주었지만 인수는 여전히 서운한 표정을 지었어요.

현호 엄마는 아이들이 앞서 가는 동안 먹을 과자와 사탕 등도 잔뜩 골랐어요. 무슨 영문인지는 모르지만 좋아하는 과자가 잔뜩 쌓인 카트를 본 인수의 기분이 조금 풀린 듯해요. 현호의 기분도 날아갈 것 같았고요.

철학자의 생각

염세주의자와 낙천주의자의 차이

우리는 한 번 태어나 살다가 죽음으로 끝을 맺어요. 태어나기를 원했던 것도 부모님을 선택한 것도 아니었지요. 탄생과 함께 우리는 이 세상에 오게 되었을 뿐이에요. 생명은 정말로 신비스럽지요. 인간은 탄생에 대한 기억이 없지만 앞으로 언젠가 죽게 된다는 사실은 알고 있어요.

쇼펜하우어는 이러한 삶의 출발과 끝을 철학의 주제로 다루었어요. 태어난 이유도 없고, 사는 이유도 없고, 죽는 이유도 없다는 것이지요. 삶은 고통으로 가득 차 있다는 게 그의 생각이었어요. 이런 생각을 염세주의라고 해요. 이와 반대로 낙천주의도 있지요. 세상을 바라볼 때 하루하루가 기쁨과 행복으로 가득 차 있다고 보는 거예요. 예를 들면, 컵에 물이 반쯤 차 있다고 생각해 보세요. 염세주의자는 '반밖에 없다'라고 생각하지만, 낙천주의자는 '반이나 남았다'라고 생각해요.

사형을 선고받아 매일 죽음을 생각하는 것만큼 끔찍한 일은 없을 거예요. 우리의 삶이 사형수의 운명과 무엇이 다를까요? 우리는 감옥 밖에 있기는 하지만 우리 삶은 항상 사형 집행이 늦춰지는 운명과도 같아요. 어떻게 보면 인간은 언제 죽을지는 모르지만 죽는다는 것만은 확실하므로 죽음에 대한 불안은 잘못된 것이 아니에요.

낙천주의자들은 '오늘 내가 헛되이 보낸 시간은 어제 죽은 사람이 그토록 원하던 내일'이라고 생각해요. 오늘 이 순간이 그만큼 소중하다는 것이지요. 염세주의자는 어떻게 생각할까요? '오늘은 내일 자살하는 사람이 그렇게 살기 싫어했던 하루'라고 생각하지요.

인생은 동전의 양면과 같아요. 염세주의와 낙천주의는 같은 것을 다르게 보는 관점의 차이가 있을 뿐이에요. 우리의 인생도 밝은 면과 어두운 면이 있으므로 둘 다 바라볼 필요가 있겠지요. 인생의 출발에는 탄생이, 그 끝에는 죽음이 있어요. 그래서 인생은 유한하다고 말하지요. 인간은 언젠가 죽어서 사라지고 말아요.

죽음은 철학의 발단이며, 그 고통 때문에 많은 종교들이 생겨났어요. 많은 종교들은 인간이 죽지 않고 영원히 살 수 있다는 믿음을 통해 죽음의 공포로부터 도피하려고 해요. 죽은 후에 하늘나라가 펼쳐진다고 말하지요. 그 사실은 우리가 죽어서야 확인할 수 있을 따름이에요. 중요한 것은 한 번밖에 없는 소중한 인생에는 어둠과 빛이 있기 마련이고, 그 과정을 극복하고 죽는 순간까지 무엇을 할 것인가는 스스로 선택할 일이라는 것이지요. 즉, 죽어서 할 수 없는, 가장 하고 싶은 일을 살아서 꼭 해야 하는 거예요.

즐거운 독서 퀴즈

1 쇼펜하우어는 인생을 비극이라고 말한 대표적인 염세주의 철학자예요. 박스 안에 있는 글을 읽은 후 쇼펜하우어의 생각과 다른 것을 찾아 번호를 써 보세요. (   )

> 우리가 사는 세상은 기본적으로 악하며, 인간의 삶은 고통과 궁핍으로 가득 차 있다. 또한 인간은 충동과 욕망으로 채워진 의지로 움직여지는 존재이며, 이 의지가 표상의 세계를 이룬다. 따라서 인간이란 존재는 끊임없이 고통을 받을 수밖에 없다. 우리는 이런 세계를 인식하고 의지와 표상의 세계로부터 벗어나야 한다.

❶ 어떤 노력을 해도 인간은 충동과 욕망을 충족할 수 없다.

❷ 돈을 더 많이 가지면 가질수록 인간은 행복해진다.

❸ 경기에서 상대를 이기려 애쓰는 것, 시험 점수를 잘 받으려 공부하는 것, 치타가 먹기 위해 사냥하는 것은 맹목적 의지에 의해 이루어진다.

❹ 끝없는 욕망 때문에 인생살이는 결국 고통일 뿐이다.

정답

❷ 돈을 더 많이 가지면 가질수록 인간은 행복해진다.

2 우리 주변에는 쇼펜하우어처럼 삶을 비관하는 염세주의자가 있는 반면, 삶을 긍정하는 낙천주의자도 있어요. 염세주의자와 낙천주의자는 똑같은 상황에 있는데도 정반대로 보고 정반대로 해석해요. 아래 문장을 읽고 염세주의자 혹은 낙천주의자를 구별한 다음 괄호 안에 적어 보세요.

❶ 나의 하루하루는 기쁨과 행복으로 가득 차 있어!

(　　　　　　　)

❷ 컵에 물이 반밖에 남지 않았네. 갈증 나서 짜증 나 죽겠어.

(　　　　　　　)

❸ 컵에 물이 반이나 남았네. 잠시라도 갈증을 풀 수 있어서 좋다.

(　　　　　　　)

❹ 인간은 결국 모두 죽는다. 그러니 삶의 의미 따위는 없다.

(　　　　　　　)

❺ 내일 지구가 멸망한다 해도 나는 오늘 한 그루의 사과를 심겠다!

(　　　　　　　)

정답

❶ 낙천주의자 ❷ 염세주의자 ❸ 낙천주의자 ❹ 염세주의자 ❺ 낙천주의자

이 세상에 있는 모든 생물은 살려고 하는 의지를 충분히 가지고 있으나,
이 의지가 충분히 만족되지 않기 때문에 산다는 것은 괴로운 것이다.

— 쇼펜하우어

2
삶에의 의지

산에 가서 곤충 채집을 시작한 삼총사.
그런데, 심심풀이로 매미 다리를 부러뜨려?
야, 인마. 동물에게 고통을 주는 행동은 나빠!
급기야 엎치락덮치락 몸싸움으로 번진 삼총사.
"아악, 내 무릎이!"

도심을 떠나 시골로

점점 인적이 드문 산속으로 들어온다 했더니, 얼마 지나지 않아 푸르른 논밭이 끝없이 펼쳐졌어요. 집과 빌딩이 빽빽이 들어서 하늘 한번 보기 어려운 현호네 동네와는 달리 외할아버지, 외할머니가 계시는 시골은 마치 한가득 진초록색으로 바탕을 칠해 놓은 도화지 위에 몇 개의 작은 집들이 옹기종기 그려진 수채화 같았어요.

창밖을 구경하던 아이들은 금세 곯아떨어졌어요. 새벽 일찍 출발한 데다 몸이 무거운 이모가 힘들어할까 봐 서로 조용히 있었던 탓이에요. 물론 가장 어른스럽고 생각 깊은 동준이가 조용히 하자고 말을 꺼낸 뒤 아이들은 조용히 잠이 들었어요. 그렇게 한참을 가다 하나둘 눈을 뜨더니 다시 시끄러워졌지요.

"우아, 여기 진짜 시골이다. 우린 친척이 다 서울 살아서 이런 시골에는 처음 와 봐."

"아빠! 다 왔어요?"

"그래, 저기 멀리 보이지? 거의 다 왔다. 조용히 하고 천천히 짐 챙겨서 내릴 준비 해라."

아이들은 가장 먼저 곤충 채집 준비물을 챙기기 시작했어요. 이 모습을 본 현호 아버지는 껄껄 웃으면서 말했어요.

"아, 맞다. 너희 우선 방학 숙제인 곤충 채집부터 한다고 했지?"

"네!"

삼총사는 우렁차게 대답했어요.

"그래, 가서 재밌게 놀고. 아무리 집 뒷산이라도 너희끼리 다니면 위험하니까 꼭 영민이 외삼촌이랑 같이 다녀야 한다, 알겠니?"

"네!"

대답만큼은 씩씩하게 하는 삼총사를 아버지와 이모는 뿌듯하게 바라보았어요.

아빠의 말씀을 듣다 보니 벌써 외갓집에 도착했어요. 차가 채 멈추기도 전에 외할머니, 외할아버지가 벌써 나와 있었어요.

"할머니!"

현호는 차에서 가장 먼저 내려서, 외할머니의 품에 껑충 뛰어올라 안겼어요.

"아이고, 우리 강아지가 언제 이렇게 무거워졌나."

여느 때처럼 내 강아지, 내 강아지 하시며 투덕투덕 쓰다듬어 주시는 할머니의 손길이 따뜻하기만 했어요. 외할아버지와 아버지는 차에서 힘겹게 내리는 막내 이모를 부축해 주었어요. 덩달아 조심스럽게 내리는 인수와 동준이도 곧 현호네 외할머니, 외할아버지한테 인사를 드렸어요.

"안녕하세요!"

"그래, 현호 친구들이구나. 방학 숙제 하러 왔다지?"

"네!"

막내 이모는 먼 길이 피곤했던지 힘겹게 외할머니를 보았어요.

"엄마, 나 좀 들어가서 쉴게요."

"그래, 안에 이부자리 펴 놨다. 어서 들어가서 쉬어. 자네도 좀 쉬었다 가지."

"아닙니다, 장모님. 내일 아침 출근해야 하니까 일찍 가 봐야 해요."

"먼 길 오느라 피곤할 텐데, 어쩌누."

외할머니가 근심스러운 표정으로 말했어요. 하지만 현호의 관심사는 다른 곳에 있었지요.

"외삼촌은요?"

"이 녀석, 아빠 걱정은 안 하고 벌써 외삼촌부터 찾니? 외삼촌은 잠깐 읍내에 나갔다."

외할머니가 가볍게 꾸중을 했어요.

"하하. 이 녀석들이 얼마나 기대를 하고 왔는지 모릅니다. 김현호, 그럼 아빠가 며칠 뒤에 데리러 올 테니까 외할머니, 외할아버지 말씀 잘 듣고 인수랑 동준이랑 얌전히 있어야 한다. 꼭 외삼촌이랑 다니고! 알겠지?"

"걱정 마시라니까요."

"네! 아저씨, 데려다주셔서 감사해요. 숙제도 열심히 하고 있을게요."

역시 반장인 동준이가 의젓하게 인사를 했어요.

"그래, 재밌게들 놀고. 장모님, 장인어른 먼저 가 보겠습

니다."

"그래, 조심히 올라가게."

화창한 날씨만큼이나 은색 자동차가 흙먼지를 일으키며 미끄러져 나갔어요. 현호는 가방도 채 풀지 않고 뛰쳐나갈 태세예요.

"우리 뒷산에 가 보자."

인수와 동준이가 반대할 리가 없지요.

"곤충 채집은 외삼촌 오면 하고, 지금은 구경 가자! 거기 계곡도 있어. 물도 무지 깨끗하고 시원해."

"그래! 더운데 물놀이하면 재밌겠다!"

인수는 벌써 양말을 벗는 중이에요.

"외할머니, 저희 나갔다 올게요!"

"아니, 밥도 안 먹고 나가 놀려고?"

"괜찮아요. 금방 다녀와서 먹을게요."

"그래, 너무 멀리 가지 말고 일찍 들어오너라."

"네!"

매미와 삼총사의 싸움

삼총사가 달려간 산은 신선한 풀 내음을 뿜으면서 푸르기가 그지없었어요. 현호네 동네는 한 달만 지나도 수많은 가게와 건물이 생기지만, 지난 설 때 왔던 외갓집 뒷산은 하얀색에서 초록색으로 옷만 바꾸어 입었을 뿐, 작년 온 가족이 물놀이 왔던 그때의 그 모습 그대로 였어요. 그때는 겨울이라 추워서 어디 나갈 생각도 못 했지만, 친구들과 함께하는 여름날 오후는 땀이 흘러도 즐겁기만 해요. 셋이 장난을 치며 걸어가는데, 갑자기 인수가 몸을 낮추며 옆의 나무 기둥으로 다가갔어요.

"왜 그래?"

"쉿! 조용히 해!"

장난꾸러기 인수가 잠시 나무를 보고 집중하더니, 곧 손을 들어 무언가를 확 잡아챘어요. 매미였어요.

"야, 이거 봐 봐. 매미야, 매미."

매미가 맴맴 울어 대는 것만큼이나 매미를 잡은 인수의 목소리도 쩌렁쩌렁 만만치가 않았어요. 현호가 호기심에 차서 바라보았어요.

"야, 너 어떻게 잡았어? 매미는 나무 색깔이랑 비슷해서 잡기 힘든데."

역시 곤충에 관심이 많은 현호가 제일 부러워했어요. 반면에 동준이는 매미를 잡고 으스대는 인수가 탐탁지 않은 듯해요.

"으, 매미 놔줘. 불쌍하다."

"놔주기는! 이것 봐 봐."

인수는 정말 천진난만하게 매미의 다리를 하나 부러뜨리고 있었어요. 동준이와 현호는 크게 놀라 소리치고, 매미는 더 크게 울면서 인수의 손에서 벗어나려고 발버둥쳤어요.

"야! 너 지금 뭐 하는 거야! 왜 다리를 부러뜨려?"

"다리 없이 나무에 붙어 있나 보려고. 재밌잖아……."

"재밌어? 이렇게 매미 다리를 부러뜨리는 게 재밌냐고?"

현호는 얼굴이 점점 빨개지고 호흡이 가빠지는지 씩씩거렸어요. 반에서 으레 아이들의 싸움을 말려 왔던 동준이가 분위기가 심상찮음을 눈치챘어요.

"현호야, 됐어. 참아. 인수, 넌 그만 매미 놔줘."

현호가 재빨리 인수에게서 매미를 잡아챘지만, 매미의 울음소리는 점점 잦아들었어요. 동준이는 매미를 다시 날게 해 주려고 했지만 날개와 온몸을 떨던 매미는 결국 다시 울음을 그치고 말았어요.

"뭐야! 내가 잡은 매미야!"

거칠게 현호를 떠미는 인수 때문에 동준이는 어찌할 바를 몰랐어요. 현호도 지지 않고 인수를 힘껏 떠밀었어요.

"너 때문에 멀쩡한 매미가 죽었잖아!"

떠밀린 인수가 씩씩거리며 일어나 다시 현호의 어깨를

친 후 현호와 인수가 동시에 넘어졌어요. 말다툼으로 시작했던 인수와 현호의 다툼은 몸싸움으로 커졌어요.

"야, 이러지 마. 그만들 해!"

동준이는 둘을 떼어 놓으려고 애를 쓰지만, 감정이 격해 있는 두 사람의 싸움을 말리기에는 역부족이었어요.

나지막한 뒷산이지만 경사가 가파른 편이라 주먹을 날리고 넘어지고를 반복하는 현호와 인수는 중심 잡기가 힘들었어요.

"아악!"

현호가 인수를 힘껏 밀었다 싶었는데, 이내 인수가 넘어졌어요.

"야, 엄살 부리지 말고 일어나."

인수가 넘어지는 바람에 현호는 놀랐지만, 그래도 여전히 화는 풀리지 않았어요.

"괜찮아? 일어나 봐."

동준이가 서둘러 인수를 부축하고, 인수도 일어나려고 안간힘을 쓰지만 일어나지지가 않았어요.

"아악, 내 무릎이!"

말을 채 잇지 못하고 아파하는 인수의 표정이 심상치 않은 것을 보고, 현호와 동준이는 누가 먼저랄 것도 없이 외갓집으로 달려갔어요. 마침, 그때 영민이 외삼촌은 오랜만에 보는 조카와 조카의 친구들을 위해 이것저것 군것질거리를 들고 집으로 막 들어오던 참이었어요.

사람을 살게 하는 것은?

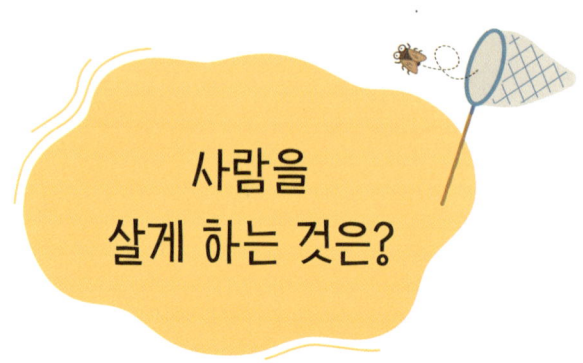

"엑스레이 결과 뼈가 골절된 건 아니고, 무릎 인대가 늘어났어요. 쉽게 말해, 발목이나 무릎을 삔 거예요."

"심각한 건 아니죠?"

"예. 인대 손상이 다행히 크지 않은 편이라서 우선 2~3일간은 부기가 가라앉을 때까지 얼음찜질을 해 주고, 압박 붕대로 감고 있어도 괜찮겠네요."

"네, 감사해요."

의사 선생님이 설명을 해 주고 나가자, 인수는 물론이고 현호, 동준이, 영민이 외삼촌까지 모두 안도의 숨을 내쉬었어요. 외삼촌이 인수를 들쳐 업고 서둘러 읍내의 병원으로 급히 갔어요. 병원에 도착해서 진료가 다 끝난 지금까지도 놀란 삼총사의 눈에는 눈물이 그렁그렁해요. 특히나 현호는 놀란 가슴이 아직도 진정되지 않았어요.

인수와 현호는 아직도 사이가 어색하기만 했고, 현호와 인수의 눈치만 보는 동준이도 서먹하긴 마찬가지였어요. 처방전을 받아 온 외삼촌이 삼총사의 이상한 낌새를 눈치채고 먼저 말을 꺼냈어요.

"이제 약 먹고 움직이지 않고 쉬면 금방 나을 거다. 인수야, 좀 괜찮니?"

"네, 아까처럼 그렇게 아프진 않아요."

"그래, 다행이다. 그런데 무슨 일이니? 어쩌다 다친 거야? 너희는 왜 그러는 거야?"

그러나 아이들은 외삼촌이 묻는 말에 아무 말도 없이 병원을 나왔어요. 약국 가는 내내 현호와 인수는 서로 고개를 돌린 채 다른 곳을 바라보았어요. 잠시 머뭇머뭇하던 동준이가 먼저 말을 꺼냈어요.

"인수가 매미를 잡아서…… 장난을 치다가 죽게 만들었어요. 그래서 현호가 화가 나서 서로 싸웠어요."

그러자 가만히 듣고 있던 인수가 소리를 꽥 질렀어요.

"일부러 그런 건 아니야! 그냥 장난치다 그런 거지!"

이에 질세라 현호도 같이 소리를 질렀어요.

"매미 다리를 다 부러뜨려서 죽인 게 장난친 거냐, 응?"

분위기가 험악해지자, 삼총사의 이야기를 가만히 듣고 있던 외삼촌은 우선 아이들을 진정시켰어요.

"자, 다들 그만하고. 우선 동준이가 처방전을 약사 선생님에게 내고 올래?"

동준이는 가만히 처방전을 들고 데스크로 가고 현호와 인수, 외삼촌은 소파에 나란히 앉았어요.

"사람이 많아 한참 기다려야 할 것 같으니 천천히 다시 얘기해 보자. 인수는 왜 매미 다리를 부러뜨렸니? 일부러 그런 거니?"

"정말로, 일부러 그런 건 아니에요. 그냥 다리가 없으면 매미가 어떻게 되나 궁금해서 그런 거라고요. 매미가 죽을 줄은 몰랐어요."

다리에 압박 붕대를 감고, 풀이 죽어 대답하는 인수의 모습에 현호는 살짝 미안한 마음이 들었어요. 인수가 정말 나쁜 아이가 아니라는 것을 현호는 누구보다 잘 알고 있었기 때문이에요.

둘의 마음이 조금씩 누그러지는 것을 눈치챈 외삼촌이 천천히 이야기를 시작했어요.

"그래, 인수가 정말로 매미를 죽이려고 했던 게 아니라는 거 잘 알아. 하지만 아무 생각 없이 매미의 다리를 부러뜨리고, 그래서 결국 매미가 죽게 되었다는 것은 좀 가혹하다는 생각이 드는데. 우리가 곤충의 날개나 다리를 뜯고 꽃을 꺾는 것은 아주 사소하고 아무 일도 아닌 것 같지만, 입장을 한번 바꿔서 생각해 볼까? 만약 우리가 키우는 강아지나 친한 친구의 팔이나 다리를 장난으로 꺾는다고 생각하면 어떨까?"

어느새 친구들 옆자리에 앉은 동준이가 어깨를 움찔했어요. 서로 기분이 상해 씩씩거리던 현호와 인수도 동그랗게 눈을 뜨고 마주 보았어요.

"그렇게까지는 생각을 못 했어요."

인수가 고개를 떨어뜨리고 대답했어요.

"식물이나 곤충의 죽음도 사람의 죽음과 똑같단다. 사람이 살려고 하는 것처럼, 식물이나 곤충도 다 제각기 나름대로 살려는 의지가 있지. 살다가 죽고, 또 살다가 다음 자손에게 생을 물려주고, 그러면 그다음 자손이 살고, 이런 과정

작거나
살려는 의지는 모두 같은 거라고.

을 거쳐서 우리가 사는 세상이 계속 이어지는 거란다."

갑자기 현호는 며칠 전에 들었던, 할머니의 친구분이 돌아가셨다는 말이 생각났어요. 그러면서 뜬금없이 궁금했던 질문, 그 질문을 하고 싶었는데, 막상 하려니까 생각이 잘 나지 않았어요. 사람이 살고, 죽고…… 뭐, 그런 거였는데…….

고개를 떨어뜨리고 있던 인수가 외삼촌에게 말했어요.

"외삼촌, 그럼 사람은 왜 태어나 살다가 죽는 거예요? 안 태어나면 죽지도 않잖아요. 제가 죽인 매미도 태어나지 않았더라면 죽지 않았을 텐데요."

현호가 하고 싶었던 질문을 인수가 해 버렸어요. 역시 친구는 통하는가 봐요.

자전거 타는 의지와 이성

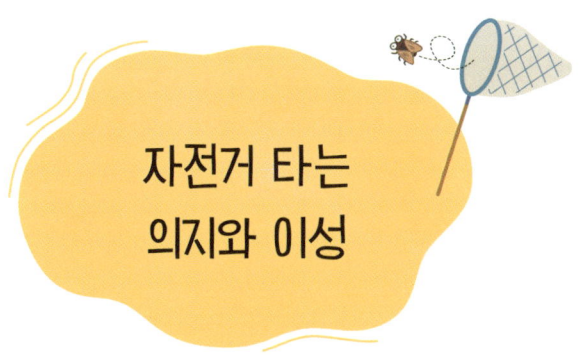

삼총사의 질문에 외삼촌은 감탄한 듯 칭찬했어요.

"오호……. 이 녀석들, 꽤 철학적인 질문을 던지는데? 어려운 질문이지만 천천히 생각해 보자. 우리 모두는 태어나고 싶어서 태어난 것은 아니지? 현호가 원해서 지금의 엄마, 아빠를 선택한 것도 아니고."

인수가 재빠르게 대답해요.

"맞아요. 엄마 배 속에 있었던 것도 기억나지 않는데, 어떻게 택했겠어요. 헤헤."

"그래. 하지만 사람이 한번 태어나서 움직이기 시작하면 멈추기를 원하지 않는단다. 인수가 매미를 잡았을 때, 매미가 가만히 잡혔니?"

"아니요, 제 손에서 벗어나려고 꼼지락거렸어요."

"그래, 사람도 마찬가지야. 쇼펜하우어라는 철학자는 그렇게 살려고 발버둥치는 것을 맹목적인 '삶에의 의지(will to live)'라고 말했어. 삶에의 의지는 식물과 곤충, 동물은 물론이고 사람 안에도 있단다. 너희가 잡았던 매미만 해도, 태어나자마자 매미가 되는 것이 아니야. 먼저 암컷 매미가 알을 낳아서, 거기서 매미가 되는 애벌레가 나오면 바로 땅속으로 들어간단다. 땅속에서 바늘처럼 뾰족한 입으로 나무뿌리를 찔러 즙을 빨아먹으면서 그렇게 얼마나 있는 줄 아니?"

"음……. 한 달이요? 두 달?"

"한 달이라고? 하하. 짧게는 1~2년부터 길게는 6~7년까지란다. 이처럼 매미가 땅 위로 나와서 맴맴 하고 울 때는 물론이고, 그 작은 애벌레가 땅속에서 잠들었을 때에도 쇼펜하우어가 말한 '삶에의 의지'는 계속된단다. 쭉!"

"사람이 잠들면 정신은 쉬지만 의지는 멈추지 않아. 자는 동안에도 숨을 쉬게 하고 혈액을 운반하는 힘이 바로 삶에의 의지라고 할 수 있지. 그런데 너희 '인간은 이성적 동물이다'라는 말 아니?"

"네! 우리 누나가 학교에서 배운 걸 얘기하면서 '인간은 이성적 동물'이라고 했던 거 기억나요. 그래서 제가 누나한테 누나는 동물은 맞는데 이성적인지는 모르겠다고 말했다가 엄청 맞았어요. 히히."

동준이의 말에 삼총사와 외삼촌은 한바탕 웃었어요.

"그래, 예전에 많은 철학자들은 인간이 가진 생각하는 능력을 중요하게 생각했어. 그래서 인간을 '이성적 동물'이라고 불렀단다. 인간만이 이성으로 판단과 계산을 하고 언어로 표현을 할 수 있다는 뜻이지. 하지만 쇼펜하우어는 인간과 동물은 겉으로 보기에는 차이가 있지만 그 안은 같다고 생각했어. 왜냐하면 인간에게도 동물과 같이 삶에의 의지가 자리 잡고 있기 때문이야. 아까 매미가 살려고 꼼지락거린 것처럼, 인수도 넘어질 때 안 넘어지려고 안간힘을 썼겠지? 그게 바로 삶에의 의지라는 거지."

"그런데 왜 맹목적이라고 하죠?"

"인간에게는 이성과 욕망이 있어. 너희가 자주 타는 자전거를 예로 들면, 앞으로 나아가고자 하는 바퀴는 욕망이고, 그것을 손잡이로 조정하는 것이 곧 이성이란다. 하지만 너희가 자전거를 탈 때, 손잡이만 잡으면 자전거가 저절로 앞으로 가니?"

"아니요. 손잡이만 잡고 가만히 있으면 앞으로 가긴커녕 3초도 못 견디고 넘어져요."

며칠 전에 자전거 타는 것을 배웠던 현호가 냉큼 대답했어요.

"그래, 자전거를 탈 때 손잡이를 잡고 조정하는 것도 중요하지만, 우선 페달을 밟아서 바퀴를 앞으로 밀어 주는 힘이 반드시 필요해. 이처럼 이성이 모든 것을 통제하는 것 같지만 사실은 욕망, 즉 의지가 항상 먼저란다. 자동차를 운전할 때도 시동을 먼저 걸고 핸들을 나중에 조정하는 것처럼 말이야. 인간은 이러한 본능을 좇아 맹목적으로 살 뿐이지."

마치 컴퓨터 게임을 하는 것처럼 삼총사는 집중해서 들었어요. 장난꾸러기 삼총사를 집중시키는 외삼촌의 능력도 정말 대단해요.

"생각해 보니까, 뭔가 하려는 의지가 정말 중요한 거네요. 만약에 아빠가 심부름을 시켰을 때, '가야지'라는 생각만 하고 걸어가려는 의지가 없다면 결국엔 안 가게 되는 거잖아요."

"그래, 맞아. 이처럼 이성을 중시했던 이전의 철학자들과는 달리, 쇼펜하우어는 이성보다 더 중요한 것은 정신 밑에 자리 잡은 거칠고 집요한 생명력, 즉 삶에의 의지라고 했어. 그러한 삶에의 의지가 신체에 나타나는 것이 욕망이야. 배고픔의 욕망은 입과 위로, 사랑의 욕망은 생식 기관으로, 의지나 행동의 욕망은 신경 세포로 나타난단다. 욕망이 만족되면 좋은 감정이, 그렇지 않으면 불쾌감이 생기게 돼. 너희 지금 배고프지?"

"네! 외삼촌 배고파요!"

외삼촌의 질문에 기다렸다는 듯이 삼총사는 냉큼 합창했어요.

"그래, 얼른 나가자. 약은 아까 나왔는데, 우리가 너무 오래 있었어. 아까부터 약사 선생님이 계속 우릴 보고 있다. 흐흐. 나가서 밥 먹자. 어때?"

"좋아요! 맛있는 거 사 주세요."

"그래그래. 뭐 먹을까? 뭐 먹고 싶니? 인수가 다리를 다쳤으니 인수가 먹고 싶은 것으로 정하자."

인수가 먹고 싶은 것으로 하자고 외삼촌이 말했지만 셋은 동시에 "피자 사 주세요!"라고 외쳤어요. 삼총사의 의리는 한 번의 싸움으로 갈라지는 것이 아니었나 봐요.

시골의 작은 피자집에서 삼총사는 맛있게 피자를 먹었어요. 콜라를 뺏어 먹기도 하고, 치즈를 가지고 장난을 치다 보니 어느새 피자는 한 조각도 남지 않았어요.

"배부르니? 한 판 더 시킬까?"

"아니요, 괜찮아요."

"너희, 화해는 한 거지? 자라면서 싸울 수도 있지만 제대로 화해하고 앞으로는 싸우지 마, 알겠지?"

외삼촌은 세 명의 이마에 알밤을 쥐어박았지만 정작 아이들이 기특해 죽겠다는 얼굴이었어요.

"우리 기분도 좋은데, 피시방에서 게임 한판 하고 갈까?"

"네!"

인수의 양옆에서 현호와 동준이가 부축해 주는 모습이 무척 기특했어요. 삼총사는 서로 마주 보고 씩 웃었어요. 언제 싸웠냐는 듯이 기분이 좋았어요. 인수는 잠시 무릎이 아픈 걸 잊어버렸지요.

네 생각은 어때?

쇼펜하우어는 세계의 본질을 '삶에의 의지'라고 말했지요. '삶에의 의지'가 과연 무엇일지, 예를 들어 설명해 보세요. 또 '삶에의 의지'로 인해 어떤 일이 일어날 수 있는지 떠올려 보세요.

▶풀이는 148쪽에

철학자의 생각

쇼펜하우어의 '삶에의 의지'

쇼펜하우어는 칸트라는 유명한 철학자의 영향을 받았어요. 칸트는 세계를 눈에 보이는 것과 보이지 않는 것으로 구분했어요. 눈에 보이는 것은 껍데기(현상: Erscheinung)지만, 그 바탕을 이루는 알맹이(물자체: Ding an sich)는 알 수 없다고 했지요.

쇼펜하우어는 만물의 실재와 신비한 본질을 '의지'라고 생각했어요. 세계의 본질을 '삶에의 의지'라고 보았지요. 의지는 인간의 본질일 뿐만 아니라, 생물과 무생물의 본질이기도 해요. 별의 움직임에서 식물과 동물의 삶까지도 힘의 의지가 작동해요. 하늘의 행성끼리 서로 당기는 힘이 작용하고, 사랑하는 사람끼리도 끌어당기는 힘이 있지요. 이 힘이 바로 의지의 결과라고 할 수 있어요.

삶에의 의지는 모든 사물 안으로 흐르는 에너지와 같아요. 겉보기엔 딱딱한 고체 얼음이지만 흐르는 물이 얼어서 만들어진 것처럼 사람들에게 의지는 충동으로 자리 잡아 인간의 행동을 결정하게 돼요. 배가 고픈 것도 잠을 자려는 것도, 이러한 삶에의 의지가 작동하기 때문에 나타나는 현상이에요. 살려는 욕망을 갖게 되면 인간은 합리적으로 행동하기가 어려운 만큼 다른 생명체와 싸울 수밖에 없게 돼요. 따라서 인간에게는 자유 의지가 없어요. 점심을 먹을 때 밥을 먹느냐, 피자를 먹느냐를 선택할 수는 있지만, 그것을 먹게끔 하는 욕망 자체를 부정할 수는 없다는 것이지요.

우리는 자유롭게 앞으로 나아가는 것 같지만 사실은 보이지 않는 힘이 뒤에서 떠밀고 있다고 한다면, 그 힘이 바로 삶에의 의지입니다. 그러니까 뒤에서 떠미는 것을 스스로 앞으로 간다고 착각해서는 안 되겠죠.

사람은 이성과 의지를 갖고 있어요. 예를 들면 볼 수만 있는 하반신이 불편한 사람(이성)을 눈먼 사람(의지)이 업고 있는 모습이에요. 많은 철학자들은 이성이 인간을 지배한다고 생각했어요. 하지만 쇼펜하우어가 볼 때 그것은 잘못된 생각이었어요. 이성이 우리를 이끄는 것처럼 보이지만, 이성을 떠미는 것은 삶에 대한 우리의 맹목적인 의지라는 것이지요.

쇼펜하우어는 사람에게 의지가 훨씬 더 중요하다는 점을 강조했어요. 흔히 하는 말로 “개똥밭에 굴러도 이승이 좋다”라는 속담이 있듯이, 우리는 삶에 집착하고 있다는 말이지요. 죽기 전까지 우리는 멈추지 않는 삶에의 의지로 생명을 유지하는 것입니다.

즐거운 독서 퀴즈

1 시골에 놀러 간 인수는 매미를 잡아 다리 하나하나를 부러뜨려 죽이고 말았어요. 영민이 삼촌은 삼총사에게 다음과 같이 동물과 인간의 '삶에의 의지'를 설명해 줍니다. 아래에서 맞으면 ○, 틀리면 × 표시를 해 보세요.

쇼펜하우어라는 철학자는 살려고 발버둥치는 것을 맹목적인 '삶에의 의지(will to live)'라고 말했어. 삶에의 의지는 식물과 곤충, 동물은 물론이고 사람 안에도 있단다. 너희가 잡았던 매미만 해도 태어나자마자 매미가 되는 것이 아니야. 먼저 암컷 매미가 알을 낳아서, 거기서 매미가 되는 애벌레가 나오면 바로 땅속으로 들어간단다. 매미가 땅 위로 나와서 맴맴 하고 울 때는 물론이고, 그 작은 애벌레가 땅속에서 잠들었을 때에도 쇼펜하우어가 말한 '삶에의 의지'는 계속된단다. 쭉!

쇼펜하우어는 이성보다 더 중요한 것은 정신 밑에 자리 잡은 거칠고 집요한 생명력, 즉 삶에의 의지라고 했어. 그러한 삶에의 의지가 신체에 나타나는 것이 욕망이야. 배고픔의 욕망은 입과 위로, 사랑의 욕망은 생식 기관으로, 의지나 행동의 욕망은 신경 세포로 나타난단다. 욕망이 만족되면 좋은 감정이, 그렇지 않으면 불쾌감이 생기게 돼.

인간은 이러한 본능을 좇아 맹목적으로 살 뿐이지.

❶ 인간과 동물은 삶에의 의지가 근본적으로 다르다. (　　)

❷ 동물은 이성이 없기 때문에 삶에의 의지가 없다. (　　)

❸ 잡힌 매미가 살기 위해 발버둥치는 것, 사람이 넘어지지 않으려고 안간힘을 쓰는 것, 자는 동안 숨을 쉬는 것 모두 삶에의 의지이다. (　　)

❹ 인간은 결국 모두 죽는다. 그러니 삶에의 의지 따위는 없다. (　　)

정답

❶ X　❷ X　❸ O　❹ X

2 다음 보기는 쇼펜하우어의 철학에 나오는 용어예요. 아래 설명에 적합한 용어를 보기에서 골라 적어 보세요.

욕망　　의지　　표상

❶ 진정한 실재가 아닌, 맹목적 의지가 밖으로 드러난 세계를 말해요.
(　　　　)

❷ 채우고 채워도 충족되지 않는 본능적인 것을 말해요. (　　　　)

❸ 맹목적인 충동과 욕망, 혹은 세계의 본질을 의미해요. (　　　　)

정답

❶ 표상　❷ 욕망　❸ 의지

3 다음 글은 영민이 삼촌이 들려주는 쇼펜하우어의 철학 이야기예요. 쇼펜하우어는 인간의 본질은 (　　)이 아닌 '의지'라고 주장했어요. 그는 인간이 가진 (　　)을 정면으로 부정했지요. 괄호 안에 들어갈 용어는 무엇일까요? (　　)

> 그래, 예전에 많은 철학자들은 인간이 가진 생각하는 능력을 중시했어. 그래서 인간을 '(　　)적 동물'이라고 불렀단다. 인간만이 (　　)으로 판단과 계산을 하고 언어로 표현을 할 수 있다는 뜻이지. 하지만 쇼펜하우어는 인간과 동물은 겉으로 보기에는 차이가 있지만 그 안은 같다고 생각했어. 왜냐하면 인간에게도 동물과 같이 삶에의 의지가 자리 잡고 있기 때문이야. 아까 매미가 살려고 꼼지락거린 것처럼, 인수도 넘어질 때 안 넘어지려고 안간힘을 썼겠지? 그게 바로 삶에의 의지라는 거지.

❶ 삶에의 의지　　❷ 충동　　❸ 이성　　❹ 실천

정답

❸ 이성

각 개인은 타인 속에 자기를 비추는 거울을 갖고 있다.

— 쇼펜하우어

3

고통으로 이루어진 삶

시골 여행에서 친구끼리 싸우다니…….
게다가 동물을 학대하기까지? 이 녀석들이!
동물도 사람과 똑같이 삶에의 의지가 있단다.
순간의 쾌락과 욕망에서 벗어나야
행복에 이를 수 있는 거란다.
외삼촌 덕분에 깨달음을 얻은 체험 여행이 되었다!

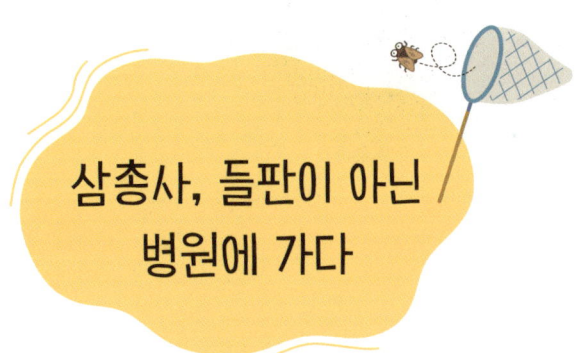

삼총사, 들판이 아닌 병원에 가다

"아야!"

며칠 후 무릎을 다친 인수는 현호, 동준이와 함께 물리 치료를 받기 위해 다시 읍내 병원을 찾았어요.

"난 괜찮으니까 너희끼리 곤충 채집 다녀오래도."

인수가 미안한 듯이 이야기했어요. 퉁퉁 부은 무릎 위에 얹은 얼음찜질 팩에는 물방울이 송골송골 맺혀 있었어요.

"괜찮아. 삼총사가 다 같이 가야지, 한 명이 빠지면 무슨 재미냐?"

동준이와 현호가 인수를 위로했어요. 하루빨리 곤충 채집도 하고 계곡에서 물놀이도 하고, 마음은 벌써 산을 몇 번

이나 다녀왔지만, 그래도 삼총사에겐 친구를 생각하는 마음과 걱정이 우선이에요.

"그래도 오늘 바로 올라가야 하는데, 나 때문에 방학 숙제 못 하게 되어서 어떻게 하지……."

인수의 얼굴에 미안함이 가시지 않았어요. 인수가 무릎을 다쳤다는 연락을 받은 뒤 걱정이 가득한 인수 부모님도 올라오라고 하셨기 때문이에요. 그래서 오늘 삼총사는 곤충은 하나도 잡지 못한 채 바로 서울로 올라갈 예정이에요.

괜찮다는 친구들의 위로에도 인수의 기분은 여전히 울적

해요. 아무 생각 없이 저지른 행동 때문에 다리 하나하나를 뜯겼던 매미가 결국 고통스럽게 죽었어요. 그 모습이 잊히지 않았어요. 무릎을 조금 다쳐도 이렇게 아픈데, 어제 여러 다리가 부러진 매미는 죽어 가면서 얼마나 아팠을까, 하고 인수는 생각했어요.

그런 인수의 심정을 현호와 동준이도 느끼는 터라 더 명랑하게 장난을 쳤어요.

"야, 이 병원에 사람 되게 많다!"

그러고 보니 병원에는 사람이 굉장히 많았어요. 현호와 인수, 동준이는 새삼스럽게 주변을 둘러보았어요. 삼총사 바로 옆에는 비슷한 또래의 아이가 울고 있었어요. 체온계를 물고 있는 얼굴이 루돌프 사슴코처럼 새빨간 것을 보니 열이 심한 상태인 듯해요. 저쪽의 할아버지도 연신 기침을 하고 계셨어요. 현호는 여름에도 감기에 걸리기 쉬우니 찬물로 샤워하면 안 된다는 엄마의 말이 문득 떠올랐어요. 그때는 잔소리인 줄 알았는데, 역시 엄마의 말은 틀린 적이 없어요. 현호는 이제부터는 찬물로 샤워하지 않겠다고 다짐했어요.

"야, 야. 저기 봐. 무슨 사고가 났나 봐."

동준이가 가리키는 곳은 병원 응급실 입구였어요. 주황색 작업복을 입은 119 구조대원 아저씨들이 분주하게 움직이고, 곧 많이 다친 아저씨가 고통스럽게 얼굴을 찡그린 채 업혀서 들어오고 있었어요. 병원 안에 있는 사람들 모두 수군거리며 무슨 일이 났나, 하고 바라보았어요.

"아이고, 또 교통사고가 났구먼. 그러게 조심해서 운전했어야지!"

응? 이건 어디서 나는 소리지? 목이 멘 듯 카랑카랑한 목소리가 순식간에 사람들의 시선을 돌려세웠어요. 허리가 굽어서 현호와 거의 키가 같은 할머니가 사람들 시선도 아랑곳하지 않은 채 계속 참견하고 있었어요.

"아이고……. 차는 어떻게 됐어? 보험은 들어 놓은 거야? 하여튼 요즘 것들, 안전벨트도 안 매고 빨리 달리는 것만 좋아해서 큰일이야. 시골이라 차 없다고 쌩쌩 달렸겠지! 아주 문제라니까! 쯧쯧쯧."

다들 정신이 없어 아무도 듣지 않는데도 할머니의 잔소리는 끝날 줄을 몰랐어요. 아무도 듣지 않는데 끊임없이 이야기하는 할머니의 모습이 불쌍하기도 하고, 남의 일에 이렇게 참견하는 것도 이해가 되지 않았지만, 어쨌든 할머니의 말은 틀린 것이 없었어요.

병원에 계시는 할머니를 보니 현호는 작년에 돌아가신 친할머니와 얼마 전에 돌아가셨다는 외할머니의 친구분이 떠오르면서 잠시 또 생각에 잠겼어요. 그 옆에서 인수는 다리가 아픈지 연신 만지고 있고, 동준이는 또 동준이 나름대로 고민에 잠겨 있는 듯했어요.

그사이에도 할머니의 잔소리는 계속되고 있었어요.

"내가 잘못해서 사고 나면 나만 다치는 게 아니잖아? 어째 그런 생각을 못 하는 거야? 애먼 사람까지 다치게 되잖아. 이건 살인이야, 살인!"

할머니의 잔소리를 멈춘 것은 간호사 선생님이었어요.

"할머니, 응급실에 이렇게 계시면 안 돼요. 너희도 여기 있으면 방해되니까 조금만 비켜 줄래? 어머, 다리를 다친 모양이구나. 조심하고."

교통사고로 들어온 환자에게 응급 처치를 하느라 바쁜 간호사 선생님이 계속 참견을 하는 할머니를 보다 못해 응급실 밖 멀리로 모셨어요. 그리고 인수의 다리를 보고는 안쓰러운 듯 웃으며 등을 토닥여 주고 다시 바쁘게 걸음을 옮겼어요.

"야, 저 할머니는 왜 병원에 계신 거야? 되게 무섭다."

"그러게 말이야."

동준이와 현호가 할머니에 대해 이야기하지만 인수는 계속 응급실 쪽을 바라보고 있었어요. 그 예쁜 간호사 선생님을 찾고 있었지요. 인수는 얼음찜질 팩을 들고 일어서더니 응급실 쪽으로 갔어요.

"야, 너 어디 가?"

절뚝거리는 인수를 부축해 주며 현호와 동준이가 물었어요. 인수는 대답도 하지 않은 채 교통사고가 난 아저씨에게 링거를 주사하고 있는 간호사 누나를 향해 갔어요.

그러더니 인수는 그 간호사 선생님 앞에서 쓰러져 버렸어요. 뒤쫓아 가던 현호와 동준이는 어이없이 바라보고만 있었어요. 당황한 간호사 선생님은 인수를 안아 올려 침대에 눕혔어요. 실눈을 뜨고 현호와 동준이에게 저쪽에 가 있으라고 눈짓하는 인수의 행동에 둘은 마주 보고 웃었어요.

인수를 치료한 의사 선생님과 이야기를 하고 나오던 외삼촌을 보자 현호는 장난기가 발동했어요. 현호는 다급한 목소리로 말했어요.

"외삼촌, 인수가 갑자기 쓰러졌어요. 저쪽 응급실 침대에 누워 있어요."

"아니, 갑자기 왜 또? 분명 괜찮다고 했는데?"

응급실로 달려간 외삼촌은 인수에게 괜찮은지 여러 번 물어보았어요. 간호사 선생님이 앞에 있는데 말도 못 하고 아픈 척 누워 있는 인수의 모습에 현호와 동준이는 웃음을 터뜨리고 말았어요. 분위기를 눈치챈 외삼촌과 간호사 선생님은 서로 마주 보고 웃었어요.

머리를 긁적이며 일어나 앉은 인수의 얼굴은 당근처럼 새빨개졌어요.

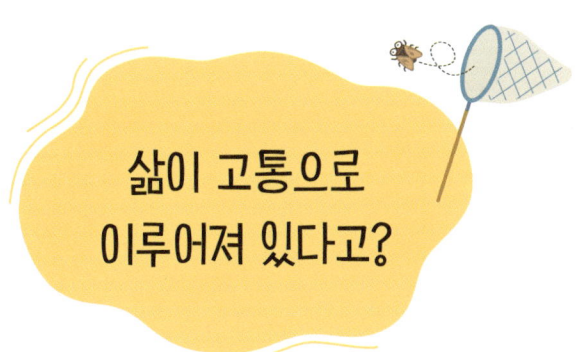

삶이 고통으로 이루어져 있다고?

간호사 선생님의 인사를 받고 병원 밖으로 나온 인수는 여전히 얼굴이 빨갰어요.

"서인수! 너 지금 눈 속에 하트가 떠다니고 있어."

현호는 인수를 놀리느라 신났어요. 작년에 수영 팬티 분실 사건을 널리 퍼뜨린 것에 복수라도 하듯이 동네방네 소문낼 기세예요. 그러면서 자꾸만 인수 앞에서 쓰러지고 있어요. 이번 여름 동안 기억될 만한 사건은 아무래도 인수의 쓰러지기 작전이 될 듯싶어요. 서울로 돌아가 엄마, 아빠는 물론 같은 반 친구들에게까지 소문낼 작정인가 봐요. 작년에 이어 올해도 기억될 만한 사건이 만들어졌는데……. 과연 내년에는 어떤 사건이 삼총사를 기다리고 있을지 기대되네요.

현호의 놀림이 계속되자 인수를 구해 준 사람은 바로 외삼촌이에요. 주차한 차를 가지러 갔던 외삼촌은 아이스크림도 함께 사 왔어요.

더운 날씨에 외삼촌 손에 들린 아이스크림 봉지는 삼총사의 관심을 돌리기에 충분했어요. 휴, 하고 인수는 한숨을 내쉬었어요. 현호와 인수, 동준이는 아이스크림을 먹기 시작했어요.

더운 날씨에 아이스크림이 녹아 떨어졌고, 달콤한 냄새를 맡은 개미들이 모여들기 시작했어요.

그러자 모두 갑자기 말이 없어졌어요. 세 명의 머릿속에 동시에 그동안 장난으로 개미를 죽이며 즐거워했던 기억이 떠올랐기 때문이에요. 그러면서 인수가 죽였던 매미의 모습도 떠올랐어요.

동준이는 말없이 아이스크림을 먹다가 입을 열었어요.

"갑자기 이런 생각이 들었어요. 무릎을 조금 다친 인수도 이렇게 아파하는데, 그때 그 매미는 얼마나 아팠을까 하는 생각이요. 물론 인수를 탓하려고 하는 건 아니지만 그래도 그 매미를 생각하면…….”

“저도 너무 미안해요.”

“저도요.”

아이스크림을 맛있게 먹던 삼총사가 고개를 떨어뜨리면서 작은 목소리로 중얼거렸어요.

“매미는 죽어 가면서 얼마나 아팠을까요.”

순간 삼총사와 외삼촌 모두 숙연해졌어요. 자기 잘못을 스스로 뉘우치는 인수가 좀 더 어른스러워진 것 같았어요. 잠시 말이 없던 인수가 외삼촌을 보면서 이야기했어요.

“우리가 느끼는 고통과 곤충들이 느끼는 고통은 똑같겠죠?”

“모두 다 똑같다고 말할 순 없지만, 사람은 사람 나름대로의, 동물은 동물 나름대로의 고통이 있겠지. 물론 그 고통의 세기나 크기도 모두 다 다르겠지? 그건 사람과 사람 사이에서도 각각 개인차가 있지만, 분명한 것은 고통이 존재한다는 거야.”

“그럼 외삼촌, 고통은 어떻게 생기는 거예요? 혹시 어제 외삼촌이 말씀해 주신 철학자도 고통에 대해서 얘기한 적이 있나요?”

"쇼펜하우어야말로 인간의 고통에 대해서 깊이 생각한 철학자였어. 그는 세계가 고통과 고난으로 가득 차 있다고 생각했지. 왜냐하면 사람들은 쾌락을 더 원하고 고통을 피하려고 하지만 그러한 소망이 이루어지는 일이 드물기 때문이야."

"쾌락과 고통이라……. 쉬운 것 같으면서도 어려운 말이에요."

"저희가 이해할 수 있게 좀 더 쉬운 말로 설명해 주세요, 삼촌."

"그래, 너희가 이해할 수 있는 쉬운 예가 뭐가 있을지 생각해 보자. 음……. 너희, 학원 가기 전에 같이 게임 한 적 많지?"

"네."

"학원 갈 시간이 되면 컴퓨터 게임을 더 하고 싶어지지 않았니?"

"당연히 게임을 더 하고 싶죠."

"그래. 그 컴퓨터 게임을 하는 순간이 쾌락이고, 그걸 더 하고 싶고, 더 즐기고 싶은 느낌이 바로 쾌락을 추구하는 욕망이란다."

알 듯 말 듯 한 표정으로 삼총사는 동시에 고개를 끄덕였어요.

"그런데 얘들아, 너희 학원 수업을 빼먹고 게임을 실컷 한 적이 있니?"

"아니요, 그랬다간 엄마한테 혼나요. 그다음 날 숙제 못 해 가면 선생님한테도 혼나고, 학원 공부도 따라가기 힘들고요."

"그래. 계속 게임을 즐기는 쾌락이 좋고 학원에 가야만 하는 고통을 피하고 싶지만, 그 소망이 이루어지긴 쉽지 않지? 그렇게 고통은 지속되는 거란다. 너희뿐만이 아니라, 세상에는 그런 경우가 아주 흔하기 때문에 쇼펜하우어는 세상이 고통과 고난으로 가득 차 있다고 이야기한 거야."

"쾌락이라는 건 끝이 없나 봐요."

동준이가 무언가 알겠다는 듯 똘망똘망한 눈으로 외삼촌을 바라보았어요.

"그래, 동준이 말이 맞아. 하나의 쾌락이 충족되면 더 새로운 쾌락을 맛보고 싶은 욕망이 생겨나기 때문이지. 그래서 사람의 욕심에는 한이 없다고 말하는 거야. 가끔 지나친 욕심 때문에 판단을 잘못해서 싸움이 생기기도 하고."

쾌락
쾌락
쾌락
쾌락

"그렇다면 쾌락을 좇는 건 안 좋은 거네요?"

"글쎄, 사람의 본성상 쾌락을 억제할 수는 있어도 아예 생각하지 않을 수는 없단다. 문제는 고통과 쾌락이 동시에 있으면 고통이 쾌락보다 더 강력하다는 거야. 사람은 고통부터 먼저 느끼니까. 건강도 마찬가지지. 아파 봐야 그 소중함을 알게 되잖니."

인수는 진심으로 공감이 간다는 표정을 지었어요.

"정말 맞아요. 아까도 무릎이 너무 아프니까, 예전에 건강할 때가 정말 좋았구나, 하는 생각이 들더라고요."

"그래, 하지만 무릎이 다 나으면 모든 종류의 고통이 사라지는 것일까? 그건 아니지. 하나의 근심이 없어지면 다른 근심이 나타난단다. 건강을 되찾으면 미루어 놓은 일을 해야 하고, 어려운 일을 해결하고 나면 또 다른 일이 생기지. 무릎이 나으면 서울에 올라가서 또 많은 숙제를 해결해야 하는 것처럼, 늘 다른 고통이 우리를 기다리고 있기 때문에 삶은 고통의 연속인 거야."

"으……. 아까 그 할머니의 목소리도 정말 고통 그 자체였어요!"

현호는 정말 고통스러운 표정을 지으면서 귀를 막는 시늉을 했어요.

"할머니는 왜 남의 일에 참견하는 걸까?"

인수가 혼잣말하듯 나지막하게 말했어요.

"응? 어떤 할머니?"

외삼촌은 까르르 웃어 대는 아이들을 보며 궁금하다는 듯이 현호에게 되물었어요. 현호는 외삼촌에게 응급실 앞에서 벌어진 광경을 하나하나 설명해 주었어요. 그러다 인수의 쓰러지기 작전이 나올 타이밍이 되자 인수가 말을 가로막았어요.

"정말 이상한 할머니였어요. 교통사고로 다친 아저씨에게도 운전을 잘못해서 그런 거라고 참견하시고……. 목소리도 카랑카랑하고 건강해 보이는데 왜 병원에 계신지 모르겠어요."

"아, 허리가 굽고 안경 쓴 할머니 말하는 거니?"

"네!"

"아, 그분! 이 동네에서 꽤 유명한 분이시란다. 말도 거칠게 하시고, 겉으로 보기엔 정정해 뵈지만, 사실 외로운 분이란다. 여기저기 많이 아프시고……. 몸도 마음도 아픈 분이지만 그래도 절망하지 않고 사는 날까지 건강하게 살아야 한다고 생각하는 할머니야. 나중에 혹시라도 또 뵈면 잘해 드리렴."

순간 아무것도 모른 채 할머니에 대해 불평을 늘어놨던 삼총사는 너무 부끄러웠어요. 할머니도 오랫동안 병원에 계시면서 많이 고통스러우셨을 텐데……. 할머니도 쇼펜하우어라는 철학자처럼 혼자서 많이 외로웠던 건지도 몰라요.

그래서 고통에 대해 그렇게 많은 생각을 하게 된 건 아닐까요? 갑자기 현호는 그런 생각이 들었어요.

네 생각은 어때?

요즘 여러분을 고통스럽게 하는 것은 무엇인가요? 그리고 고통에 대해 어떻게 생각해야 할 것인지, 쇼펜하우어의 가르침을 읽고 정리해 보세요.

▶풀이는 149쪽에

끝없이 이어지는 생명

병원에서 서울로 돌아가기 위해 차에 올라타는 삼총사는 기운이 없었어요. 외삼촌도 아이들 보기가 안쓰러웠어요.

"인수의 다리가 다 낫거든 꼭 다시 놀러 와. 외삼촌이 엄마, 아빠한테 잘 말해 줄게."

"네!"

"그래, 다들 안전벨트 매고."

"네!"

이곳으로 왔을 때의 그 푸른 광경이 다시 펼쳐지고 있었어요. 올 때와는 다른 기분이지만 멋진 수채화를 보는 듯한 풍경은 삼총사의 기분을 풀어 주기에 충분했어요. 세 명의 아이들이 떠드는 소리는 점점 높아졌어요.

운전하고 있는 외삼촌의 핸드폰이 울렸어요. 외할머니 번호가 보이자 현호는 외삼촌에게 말했어요.

"외삼촌, 외할머니세요. 제가 받을게요!"

"그래, 잘 가고 있다고 말씀드려라. 인수도 괜찮다고 말씀드리고."

"네, 여보세요."

"네? 지금이요? 꼬맹이 이모가요? 네, 외삼촌 바꿔 드릴게요."

잠시 차를 세우고 외삼촌은 전화를 받았어요.

"아, 네 알았어요. 빨리 갈게요."

평소 침착한 외삼촌이 놀란 얼굴로 전화를 금방 끊었어요. 무슨 일인지 여섯 개의 눈동자가 동그랗게 되어 외삼촌을 바라보았어요.

"얘들아, 막내 이모가 아기 낳으러 병원으로 가셨대. 우선 거기 들렀다가 서울에는 조금 이따 출발해야겠구나."

외삼촌이 빠르게 자동차의 핸들을 돌리면서 말했어요. 현호와 인수, 동준이도 우리가 언제 서울에 가기로 했냐는 듯 입을 모아 대답했어요.

"네! 빨리 병원으로 가요!"

내려올 때부터 막내 이모가 많이 피곤해하더니 드디어 아기가 나오려는 모양이에요. 아기와 이모, 모두가 건강했으면 좋겠어요.

외삼촌 얼굴에 긴장한 기색이 역력했어요. 그도 그럴 것이 막내 이모는 결혼하고 3년 동안 아기가 생기지 않아서 여러 어른들이 걱정을 많이 했고, 그러다 힘들게 임신을 했어요.

외삼촌이 서둘러 운전한 덕에 눈 깜짝할 사이에 병원에 도착했어요.

병실에 들어가기 전에 외삼촌이 삼총사에게 당부했어요.

"너희, 떠들거나 함부로 돌아다니면 안 된다. 꼭 외삼촌이랑 같이 얌전히 있어야 해, 알겠지?"

"네, 외삼촌."

병실에 들어가자, 얼굴이 많이 수척해진 이모가 누워 있었고 외할머니가 옆에 계셨어요.

"누나, 좀 어때? 괜찮아?"

많이 힘들어 보이는 이모 대신 옆에서 이모의 땀을 닦아 주던 외할머니가 말했어요.

아기의 중요한 사명

"지금 방금 출산했어. 곧 괜찮아질 거야. 너한텐 건강한 여자 조카가 한 명 더 생겼구나."

외삼촌 표정이 단박에 환해졌어요.

"누나, 축하해!"

조용히 듣고 있던 현호, 인수, 동준이의 얼굴도 곧 환해졌어요.

"와……. 이모, 축하드려요!"

"그래, 고맙구나. 우리 현호, 인수, 동준이 많이 놀랐겠네."

현호는 무엇보다도 태어난 아기가 보고 싶었어요. 하지만 현호뿐만이 아니라 인수, 동준이도 아마 같은 생각인지 서로의 표정을 살폈어요.

"외삼촌, 아기 보러 가면 안 돼요?"

"왜 안 되겠니? 어서 가 보렴. 이모부랑 할아버지도 아기 본다고 가셨단다."

"그럼 다녀올게요. 누나 좀 쉬어."

외삼촌과 삼총사는 병실을 나서서 아기를 보러 갔어요. 현호와 인수, 동준이 모두

갓 태어난 아기를 보는 것은 처음이기 때문에 신기하고 마음이 설렜어요. 곧 많은 아기들이 누워 있는 병실 창가에 도착했어요. 그곳에는 이미 얼굴 가득 행복한 미소를 띠며 창가에서 떨어질 줄 모르는 이모부와 외할아버지가 계셨어요.

"이모부! 안녕하세요."

"쉿! 쉿! 그래, 현호 왔구나. 현호 친구들도 같이 왔네."

혹시라도 아기들이 놀랄까 봐 깜짝 놀라며 아이들을 조용히 시키는 이모부의 얼굴에는 미소가 떠나지 않았어요.

"네, 안녕하세요."

"그래, 현호 사촌 동생 보러 왔구나."

"네!"

"저기, 끝에서 세 번째에 누워 있단다."

모두 다 똑같이 생겨서 누가 누구인지 알 수 없었지만, 이모부가 가리킨 곳의 아기는 왠지 이모를 많이 닮은 듯했어요. 조그만 손과 발, 모든 게 조그마한 아기는 귀엽고 사랑스러웠어요.

"우아……. 현호야, 아기 너무 귀엽다."

어느새 인수와 동준이, 현호는 서로의 손을 꼭 잡고 아기만 바라보고 있었어요.

"허허, 녀석들. 어때? 제일 예쁘지? 처남, 아버님 모시고 병실에 다시 가 볼 테니까, 천천히 보다가 와."

"네, 알았어요."

시간 가는 줄 모르고 아기만을 바라보고 있던 현호는 문득 탄생이란 무엇인지 알고 싶었어요. 현호도, 인수와 동준이도, 심지어 외삼촌까지도 모두 태어났을 땐 저렇게 작은 아기였을 텐데 어느새 이렇게 커 버리다니, 도대체 이렇게 신비한 생명이란 무엇일까요?

"나도 처음에는 저런 모습이었어요?"

"응, 그럼. 외삼촌도 처음에는 저런 모습이었지."

"외삼촌, 그럼 나는 어떻게 세상에 나온 거예요?"

"그거야, 현호네 엄마와 아빠가 처음 만나 사귀면서 사랑하게 되었고, 그래서 결혼한 후에 현호를 낳게 된 것이겠지."

"그럼 왜 인간은 사랑을 하고 아기를 낳아요?"

현호의 질문을 받은 외삼촌이 잠시 곰곰이 생각하고 말했어요.

"인간은 죽음으로 삶을 마감하는 것을 두려워한단다. 그래서 그 두려움을 극복하기 위해 후손을 이으려고 아이를 낳는 거야."

가만히 듣고 있던 동준이가 다시 질문을 던졌어요.

"그런데 후손을 잇는 건 사람만 하는 게 아니잖아요."

"그렇지. 사람이 아이를 낳아서 몸이 닳도록 자식을 먹이고, 입히고, 가르치는 것은 모두 죽음을 극복하고자 하는 본능 때문이란다. 사람뿐만 아니라 다른 모든 생명체도 성장하면 후손을 잇기 위해 노력한단다. 식물은 꽃을 피워 열매를 맺고, 그 씨앗을 땅에 다시 뿌리지. 동물들이 새끼를 낳는 것 모두 생명을 영원히 잇고자 하는 거야."

"우아……. 뭔지 잘은 모르겠지만 뭔가 굉장한 것 같아요!"

"그래. 사람이 서로 좋아하고, 결혼해서 아이를 낳는 것이 그냥 당연하게 여겨지기도 하지만, 좀 더 넓게 본다면 인류의 존속이 달려 있는 아주 중요한 문제란다."

현호는 아까만 해도 단순히 귀엽게만 보였던 아기가 이제는 무언가 중요한 사명을 띠고 태어났다는 생각이 들었어요. 현호와 인수, 동준이는 다시 새삼스럽게 아기의 얼굴을 물끄러미 바라보았어요.

행복과 고통의 관계

체념과 절망에 대한 쇼펜하우어의 생각은 워털루 전투에서 얻은 상처에서 비롯되었어요. 그는 전쟁에서 피비린내 나는 현실을 경험하고 그 절망감을 책에 기록했어요. 요즘에도 세계는 전쟁으로 고통받는 사람들이 많이 있지요. 동물들은 그렇게 잔인하게 싸우지 않아요. 전쟁의 끝은 죽음과 폐허뿐이지요. 인류 문명에 자부심을 가진 현대인들은 전쟁으로 모든 것이 파괴된다는 사실을 알아요. 그리고 가난, 피폐, 실업 등으로 삶의 의미는 공허해지고 생활은 비참해진다는 것도 알지요.

쇼펜하우어는 기독교에서 말하는 전능과 전지, 그리고 사랑을 본질로 하는 신의 존재를 믿을 수 없었어요. 만약 신이 존재한다면 세상을 이렇게 비참하게 내버려두지 않을 테니까요. 또한 신이 모든 것을 미리 안다면 악을 예방할 수 있을 것이고, 모든 것을 창조할 수 있다면 인간에게 행복만을 가져다줄 거라는 거죠.

불교에서는 '일체개고(一切皆苦)'라고 하여 '세상 모든 것이 고통'이라고 설명해요. 쇼펜하우어도 인생을 고통의 연속으로 보았어요. 어두운 바다를 항해하는 배 위에서 눈을 가리고 묶여 있는 사람들은 세상이 어둡다는 것을 모르는 것처럼, 운명을 모르는 우리도 속세의 행복에 빠져 고통을 보지 못해요. 그러나 사실은 태어나 죽을 때까지 고통은 잠시도 멈추지 않는 것이랍니다.

하나의 고통이 행복 여럿보다 더 강해요. 충치 하나만 있어도 아무리 맛있는 음식이 있다 한들 먹지 못하는 것처럼 말이에요. 하나의 고통이 사라지면 보이지 않던 다른 고통이 나타납니다. 과제를 하나 끝내면 또 다른 일이 기다리고 있는 것처럼. 지금은 초등학생일지라도 나이가 들면 입학, 공부, 성적, 취업, 질병, 결혼, 노화 등 무수한 일이 기다리고 있어요. 그 가시밭길을 다 지나면 끝에는 허무하게도 피할 수 없는 고통인 죽음이 기다리고 있지요.

인생의 고통은 생활이 풍족한 부자에게도 예외 없이 찾아와요. 돈만 많으면 행복할 거라고 생각하지만, 그렇지 않아요. 가난한 사람은 궁핍함으로 고통받지만 부자는 권태로 고통스러워한답니다.

좋은 집, 외제 차에 맛있는 음식은 당분간 행복을 줄 수 있지만 그것도 사람을 지겹게 만들지요. 그래서 쇼펜하우어는 진정한 행복을 위해 교양을 갖출 것을 요구해요. 염세주의자 중에는 '태어나지 않았더라면 좋았을 텐데……' 하며 후회하는 사람이 있어요. 그리스 신화에도 '최선은 태어나지 않는 것, 차선은 빨리 죽는 것'이라는 말이 있고요. 요즘 자살하는 사람이 늘고, 성적 때문에 고민하다 죽음을 택하는 친구도 적지 않아요.

여기서 우리는 쇼펜하우어의 생각을 비판해 볼 수 있어요. 고통이 심하면 죽고 싶겠지만, 달리 생각하면 고통이 없는 삶은 어떨까 생각해 볼 수도 있다는 것이지요. 바다에 비유해 볼까요? 파도가 심하게 치면 두렵기 마련이에요. 하지만 파도가 전혀 없다고 생각해 보세요. 따분하기 짝이 없지요. 약간의 긴장과 경쟁, 그리고 스트레스는 건강에도 좋아요. 새들이 날기 위해 공기의 저항이 필요하듯이 행복을 위해서는 고통이 필요한 것이죠.

고통은 행복을 이루는 데 없어서는 안 될 요소예요. 축구 경기를 할 때 질 게 뻔하다고 아예 포기를 하는 것과, 지더라도 경기를 끝까지 하는 것 중 어느 것이 더 나은 태도일까요? 우리에게는 고통을 모험으로 즐길 수 있는 용기가 필요해요.

즐거운 독서 퀴즈

1 다음 제시문에서 영민이 삼촌은 고통과 행복에 관한 쇼펜하우어의 철학을 들려주고 있어요. 쇼펜하우어의 생각과 다른 것을 찾아보세요. (   )

> 계속 게임을 즐기는 쾌락이 좋고, 학원에 가야만 하는 고통을 피하고 싶지만, 그 소망이 이루어지긴 쉽지 않지? 그렇게 고통은 지속되는 거란다. 너희뿐만이 아니라, 세상에는 그런 경우가 아주 흔하기 때문에 쇼펜하우어는 세상이 고통과 고난으로 가득 차 있다고 이야기한 거야.
>
> 하지만 무릎이 다 나으면 모든 종류의 고통이 사라지는 것일까? 그건 아니지. 하나의 근심이 없어지면 다른 근심이 나타난단다. 건강을 되찾으면 미루어 놓은 일을 해야 하고, 어려운 일을 해결하고 나면 또 다른 일이 생기지. 무릎이 나으면 서울에 올라가서 또 많은 숙제를 해결해야 하는 것처럼, 늘 다른 고통이 우리를 기다리고 있기 때문에 삶은 고통의 연속인 거야.

❶ 좋은 집, 외제 차는 당분간은 행복을 주지만 오랫동안 행복을 지켜주지는 못한다.

❷ 하나의 고통이 사라지면 보이지 않던 다른 고통이 또 나타난다.

❸ 진정한 행복을 얻기 위해서는 교양이 필요하다.

❹ 신을 절대적으로 믿으면 고통이 사라진다.

2 다음은 쇼펜하우어와 그의 주장을 정리한 문장이에요. 맞으면 ○, 틀리면 × 표시를 해 보세요.

❶ 삶은 맹목적인 의지일 뿐이고, 세계는 본질적으로 악하며, 인생살이는 고통뿐이다. (　　)

❷ 태어나 죽을 때까지 고통은 잠시도 멈추지 않는다. (　　)

❸ 쇼펜하우어는 무신론자로서 종교를 부정하지는 않았지만, 돈을 받고 신과 신도를 연결하는 종교인을 비판했다. (　　)

❹ 인간에겐 이성이 있기 때문에 결국 고통의 문제를 풀고 행복에 이를 수 있다. (　　)

❺ 사업이 순조로울 때는 별생각이 없지만 잘 풀리지 않을 때는 작은 일에도 신경이 쓰인다. 이처럼 편안함과 행복은 우리에게 소극적이지만 괴로움은 적극적이다. (　　)

정답

1 ❹ 신을 절대적으로 믿으면 고통이 사라진다.

2 ❶ ○ ❷ ○ ❸ ○ ❹ × ❺ ○

용기란 우리 인간이 행복을 누리는 데 있어서
하나의 중요한 구실을 하는 요소이기도 하다.
— 쇼펜하우어

4
행복에 이르는 길

아버지가 사업에 실패하여
지방으로 전학을 가게 된 동준이.
현호, 인수는 친구와의 이별이 고통스럽다.
영민이 외삼촌은 고통을 함께 나누는 마음이
사람을 행복하게 한다고 말한다.
그래, 더 이상 울지 말고
다시 만날 날을 꿈꾸며
동준이를 도울 수 있는 일을 고민하자!

헤어지는 건 싫어!

잠시나마 삼총사가 떠났던 동네는 아무 일도 없었다는 듯 여전히 사람들로 분주하고 시끌벅적해요. 방학이라서 그런지 아파트 놀이터에 또래 친구들이 평소보다 많은 것 외에 서울은 변한 것이 하나도 없네요.

"인수야, 현호 왔다."

삼총사와 외삼촌이 막내 이모의 아기를 보고 바로 출발해서 늦은 밤 집에 도착한 후로 벌써 일주일이 지났어요. 같이 올라온 외삼촌도 지금 현호네 집에 머물고 있어요. 제대한 외삼촌은 이번 학기에 복학해야 하거든요. 그래서 이것저것 복학 준비 때문에 외삼촌은 바빴고, 삼총사도 시골에서 올라온 후 바로 학원에 다니면서 다들 일상생활에 여념이 없었어요.

"야, 서인수. 뭐 하냐?"

현호는 막 학원 수업을 마치고 왔는지 무거운 가방을 바닥에 내려놓으며 장난스럽게 혀를 쭉 빼고 소파에 털썩 주저앉았어요. 압박 붕대를 풀긴 했지만 뛰어노는 것은 아직 무리라는 핑계로 당분간 학원이나 태권도 도장을 쉬고 있는 인수는 다리를 소파 위에 올려놓은 채 만화책을 보고 있어요.

"어, 왔어?"

"야, 좋겠다. 나도 집에서 만화책이나 봤으면……."

"야, 조금 전까지 문제집 풀었어. 나도 집에서 공부한다고. 안 하면 엄마한테 혼나."

"현호야, 점심은 먹었니?"

인수 엄마가 현호에게 웃으며 물었어요.

"아니요! 저 너무 배고파요."

현호가 넉살 좋게 투정을 부렸어요.

"그래, 조금만 기다려. 카레 만들고 있으니까 먹고 가렴. 그런데 오늘 동준이 만났니?"

"아니요, 오늘은 학원도 안 왔어요. 학원 빠질 애가 아닌데, 이상해서 인수랑 같이 가 보려고요."

"그래? 음……. 그러지 말고 여기서 놀다가 집으로 가거라. 동준이한테는 나중에 연락해 보는 게 좋겠다."

인수 엄마가 무슨 이야기를 더 하려는 것 같았지만 놀다가 집으로 가라는 말만 하고 서둘러 주방으로 들어갔어요.

인수와 현호는 얼굴을 마주 보고 갸우뚱했지만 크게 신경 쓰지 않았어요. 집에 가서 전화 한번 해 봐야겠다고 현호는 생각했어요.

맛있는 카레 냄새가 집 안에 솔솔 풍겼어요. 인수가 보고 있던 만화책을 같이 들여다보던 현호가 갑자기 생각난 듯이 말했어요.

"그나저나 얼른 개학했으면 좋겠다."

"왜? 넌 학교 다니는 게 좋냐? 숙제 아직 한 개도 안 했는데 갑자기 웬 개학?"

"재밌잖아……. 얼른 개학해야 애들도 만나고 애들을 만나야 서인수의 쓰러지기 작전을 얘기해 줄 거 아냐?"

"너, 자꾸 그럴 거야? 안 그래도 엄마, 아빠랑 자꾸 그 얘기 해서 죽겠다고……."

“내가 뭘? 크크.”

인수 엄마가 만든 카레는 정말 일품이에요. 맛있는 카레를 먹고 집으로 돌아왔어요. 잊기 전에 동준이에게 전화해야겠다고 생각하는 중이었어요.

집으로 돌아왔는데 동준이 엄마가 와 계셨어요. 주방에서 두 분이 이야기를 나누느라 현호가 온 줄도 몰랐어요.

“그래서 집은 구한 거야? 이사는 언제 가는데?”

“어, 형편에 맞춰서 구하다 보니 서울에서는 집을 얻을 수가 없었어. 그리고 당분간은 천안 쪽에 가 있으려고 해. 동준이 아빠도 그쪽에서 새로 시작할 거 같고, 그게 나도 동준이 아빠도 마음 편하고. 이사는 정리되는 대로 가능한 한 빨리할 거야.”

“천안? 왜 갑자기 천안이야? 아무 연고도 없는 데서 어떻게 하려고…….”

동준이 엄마와 현호 엄마 모두 눈물을 글썽이며 대화를 나누고 있었어요. 동준이 엄마에게 동준이가 왜 학원에 안 왔는지 물어보려고 주방 앞에 서 있던 현호는 그대로 굳어 버렸어요.

인수,
펑펑 울어 버리다

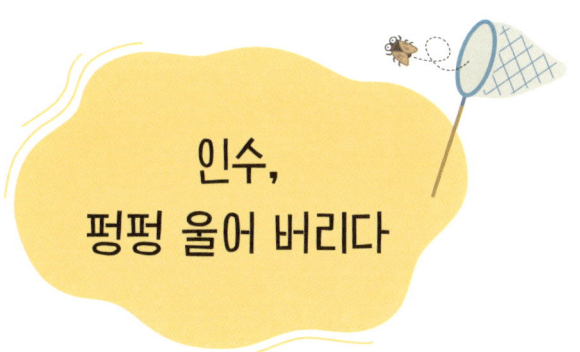

동준이가 집안 사정이 어려워져서 학원을 그만두고 전학까지 가게 될지도 모른다는 이야기를 들은 현호는 집에서 쉬는 내내 마음이 편하지 않았어요. 인수는 아픈 다리라도 이끌고 학원에 가서 동준이를 볼까 했지만, 이미 동준이는 학원에 나오지 않는다고 해요. 방학이니까 학교에서 자연스레 만날 수도 없는 노릇이지요. 동준이네 집에 전화를 해 봤지만 웬일인지 아무도 전화를 받지 않았어요.

"그럼 너도 동준이 못 본 지 오래된 거야?"

답답한 마음에 현호는 인수에게 이야기했고, 인수는 다리를 절뚝거리면서 현호네 집으로 왔어요. 현호 방에서 둘이 머리를 맞대고 이야기를 했어요. 현호네 온 김에 오래간만에 외삼촌한테 인사하려고 했는데, 외삼촌은 학교에 가서 조금 이따 돌아온다고 해요.

"동준이 이제 학원에 나오지도 않는걸, 뭐."

현호와 인수 모두 동준이 소식이 궁금하긴 했지만, 정확히 상황을 알고 있는 게 없었어요.

"너무 걱정 된다……. 도대체 무슨 일일까?"

"우리 엄마랑 동준이네 엄마가 하시는 말씀을 조금 들었는데, 동준이네 아빠 사업이 어려워졌나 봐. 그래서 지방으로 이사를 간대. 우리 엄마가 그러는데, 동준이도 처음에는 잘 몰랐대. 시골 갔다 와서 이사 갈 거라는 말을 들었대. 우리끼리 가는 마지막 여행이라 동준이를 보내 주신 거래."

현호는 깜짝 놀랐어요. 계속 아무 말 없이 듣고 있던 인수의 눈에 눈물이 그렁그렁했기 때문이에요. 현호는 너무 당황해서 어찌할 바를 몰랐어요. 짓궂은 장난도 많이 치고 항상 명랑 쾌활했던 인수가 눈물을 쏟으니까요.

"야, 너 갑자기 왜 그래."

"아니, 그냥…… 동준이가 걱정돼서."

현호가 짐짓 어른스럽게 인수의 어깨를 토닥였어요.

"너무 걱정하지 마. 다 잘될 거야."

그때 현관문이 열리는 소리가 들렸어요. 외삼촌이 온 모양이에요.

"인수 왔니? 다리는 다 나았어?"

방문을 연 외삼촌도 놀랄 수밖에 없었어요. 언제나 장난꾸러기였던 인수가 울고 있었고, 현호의 표정도 그리 좋은 편이 아니었기 때문이에요.

"너희 왜 그러니? 또 싸웠니?"

외삼촌은 조금 놀란 표정으로 물어봤어요. 무릎이 다쳤을 때도 울지 않던 인수가 울고 있으니 외삼촌도 놀랐어요.

"아니에요, 외삼촌."

인수는 얼른 주먹으로 눈물을 닦았어요.

"동준이 있죠, 부모님 사업이 어려워져서 학원을 그만두게 됐거든요. 그런데 전학까지 가게 될지도 모른다고 해서……."

현호가 침통한 표정으로 말했어요.

"인수는 다리 때문에 학원도 못 가서 동준이를 못 봤는데 연락도 안 되고, 갑자기 그런 얘기를 들으니까 많이 걱정되나 봐요."

외삼촌이 안쓰럽다는 듯 인수의 손을 꼭 잡아 주었어요.

"그랬구나."

잠시 머뭇거리던 인수가 속내를 털어놓고야 맙니다.

"외삼촌, 동준이를 도와주고 싶어도 어떻게 도와줘야 할지 잘 모르겠고……. 가슴이 아파요. 힘든 사람은 동준이고 저는 전혀 상관없는 남인데, 힘들어할 동준이를 생각하면 걱정되고 정말로 제 가슴이 쓰라린 듯 아파요. 너무 부끄럽지만 그냥 그래요."

인수의 눈에서 눈물이 뚝뚝 떨어지고야 말았어요.

고통이 주는 선물

“아니야. 인수야, 그건 부끄러워할 일이 아냐. 네가 동준이를 걱정하는 마음이 바로 동정심이라는 거야.”

고개를 떨어뜨리고 있던 인수와 현호는 누가 먼저랄 것도 없이 고개를 들어 영민이 외삼촌을 바라보았어요. 여전히 눈가에 눈물이 그득한 인수가 외삼촌의 다음 말을 기다리며 코를 훌쩍였어요.

“다른 사람과 고통을 함께하는 것이 동정심이야. 너희 지금, 집안 사정 때문에 많이 힘들어하는 동준이를 생각하면 안타까운 마음이 들어서 가슴이 아프지? 그게 바로 동정심이란다. 공감이나 동감, 자선이라고 불리는 것도 이와 비슷

하지. 외삼촌이 지난번 고통에 대해 설명해 주면서 이야기한 쇼펜하우어라는 철학자를 다들 기억하지?"

"그럼요, 외삼촌."

"그래. 쇼펜하우어도 동정심을 매우 중요하게 생각했어."

외삼촌이 그동안 들려준 쇼펜하우어 이야기에 유독 관심을 보였던 현호가 물어보았어요.

"왜요?"

"쇼펜하우어에 따르면 사람들은 이기적으로 살아가기 때문에 다른 사람과 경쟁을 하게 되고, 그것 때문에 삶의 고통이 더 커지게 되지. 쇼펜하우어는 이러한 자신의 고통에서 벗어나기 위해 타인의 고통을 함께 나누는 것이 윤리의 근본이라고 했어. 이렇게 타인의 고통을 함께 나누는 동정에서 정의와 사랑이 가능해진단다. 나만 고통받는다고 하면 이기주의자가 될 수 있지만 다른 사람도 고통받는다고 생각하면 이타주의자가 될 수도 있다는 거지. 즉, 다른 사람의 고통이 우리의 고통이고, 우리의 고뇌가 다른 사람의 고뇌라고 생각하자는 거야."

인수는 새로운 사실을 발견했다는 듯 소리쳤어요.

"아, 그럼 고통이 꼭 그렇게 나쁜 것만은 아니네요. 다른 사람에 대해 생각해 볼 수 있는 좋은 점도 있는 거잖아요."

"그렇지. 나의 고통과 타인의 고통은 세상을 바라보는 눈을 열어 주는 셈이야. 사람들은 삶에서 생긴 모든 허무함을 같이 느낄 때 사람 사이의 올바른 관계를 만들 수 있단다."

외삼촌은 인수의 머리를 쓰다듬으면서 계속 이야기해 주었어요.

"물론 인수와 동준이는 진짜 형제는 아니지만, 인수가 동준이의 고통을 느끼고 가슴 아파하는 건 친구로서 당연한 일이야. 그런 고통은 나쁜 것이 아니라 오히려 동준이를 잘 이해할 수 있는 좋은 계기가 되는 거란다. 나뿐만 아니라 다른 사람들도 더 큰 고통에 절망한다고 생각할 때 우리는 그들에게 따뜻한 손을 내밀 수 있겠지. 그렇게 하면 모두가 함께 사는 행복한 사회가 만들어질 수 있단다."

이제 인수의 눈에는 더 이상 눈물이 흐르지 않았어요. 동준이를 위해서 할 수 있는 일이 분명히 있을 거라고 생각하니 기분이 좋아졌어요. 동준이가 인수와 현호 곁으로 다시 돌아올 수 있을까요?

네 생각은 어때?

쇼펜하우어 같은 금욕주의자는 행복을 위해 욕망을 포기하고 벗어나라고 말해요. 반면에 제러미 벤담 같은 공리주의자는 욕망을 추구하는 것이 행복이라고 말하지요. 행복의 조건에 대해 곰곰 생각해 보면서 욕망을 성취하는 것이 좋은지, 아니면 욕망을 포기하는 것이 더 나은지, 생각을 정리해 보세요.

▶풀이는 150쪽에

보고 싶은 현호, 인수에게

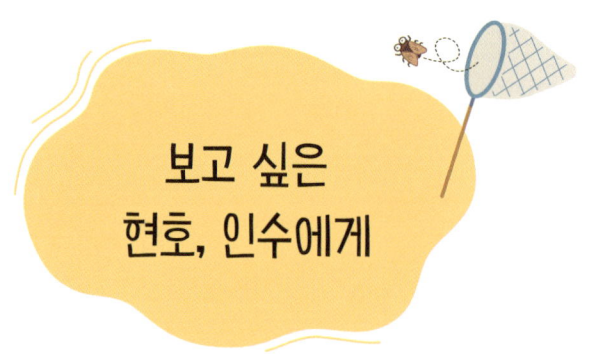

내가 여기 이사 온 지도 벌써 한 달이 다 되어 간다. 나도 여기서 새 학교 전학 수속을 하고 어제 개학식을 했어. 우리가 같이 다니던 학교보다 훨씬 작고 학생 수도 선생님도 적지만, 학교 주변에 시냇가도 있고 산도 있어서 환경은 훨씬 좋아. 공기가 좋아서 몸도 마음도 건강해지는 기분이 들어. 음……. 방학 때 우리가 같이 갔던 현호네 외갓집 같은 곳이야. 어떤 곳인지 상상이 되지?

그러고 보니 그때 생각난다. 참, 외삼촌도 잘 지내시고? 그때 먹었던 피자, 진짜 맛있었는데. 그때 외삼촌에게 그 어려운 철학자 얘기도 많이 듣고 잘 놀았는데 말이야. 어렵긴

했지만 그래도 되게 좋은 얘기였어. 나중에 찾아보니까 그 철학자가 되게 유명한 사람이더라고.

참, 그때 꼬맹이 이모가 낳은 아기 이름이 뭐야? 예뻐? 나도 보고 싶다. 나중에 편지 보내면서 아기 사진이라도 보내 주라.

여기도 좋긴 하지만 그래도 친구들과 선생님이 보고 싶다. 이 반장의 부재를 틈타 너희, 장난만 치는 건 아니겠지? 선생님 말씀 잘 듣고, 내가 없어도 학원 빠지지 말고, 공부 열심히 하고(전학 가서까지 잔소리한다고 투덜대는 너희 소리가 나한테까지 들린다, 들려).

오늘은 시냇가에서 물놀이도 하고 놀았어. 너희만큼은 아니지만 이곳 친구들과도 금방 친해질 것 같은 예감이 든다. 착하고 좋은 아이들인 것 같아.

주말에 한번 놀러 와. 여름방학 때 못 했던 곤충 채집도 하고, 물놀이도 하고 말이야. 엄마랑 아빠도 너희 보고 싶다고 그러셔. 엄마, 아빠랑 같이 놀러 와.

아……. 그리고 너희에게 꼭 소개해 주고 싶은 친구가 있어.

현호야, 너 기억나지? 서인수의 쓰러지기 작전 말이

야. 그때 그 간호사 선생님이랑 똑같이 생긴 여자애가 우리 반에 있거든. 내가 보기엔 그 선생님만큼 착하고 예쁜 것 같아. 내가 소개해 줄 테니까, 서인수! 꼭 오고 싶지? 크크…….

우리 집에 인터넷이 아직 안 깔려서 당분간은 메신저로 얘기하기는 힘들 것 같고, 이 주소로 편지를 쓰면 돼.

너희, 답장 쓸 거지?

너희가 보낸 편지로 우리 삼총사의 우정을 시험하겠다, 음하하.

다른 친구들에게도 안부 전해 줘.

안녕, 친구들…….

철학자의 생각

쇼펜하우어의 행복론

현실이 고통과 궁핍 그리고 악으로 가득 차 있다면 인간은 어떻게 행복을 찾을 수 있을까요?

쇼펜하우어에게 행복의 전제 조건은 의지를 부정하는 것이었어요. 현명한 사람은 쾌락을 추구하지 않고 근심과 걱정으로부터 해방되기를 원해야 한다는 것이지요. 쇼펜하우어는 욕심을 부리지 않고 마음을 비워야 한다고 생각하는 금욕주의자였어요. 쾌락을 행복으로 생각한 공리주의와는 반대되는 생각이었지요. 쾌락을 적극적으로 추구하는 것이 아니라 고통을 줄여 나가는 소극적인 행복을 추구했어요.

쇼펜하우어는 행복한 삶을 위해 다음과 같이 행동해야 한다고 말했어요.

첫째, 성적 쾌락을 위해 함부로 결혼을 해서는 안 된다고 했어요. 덧없고 괴로운 인생을 생식(生殖), 즉 자손 퍼뜨리기로 지속하려는 행위는 부끄러운 일이라는 것이죠. 따라서 무책임하게 아기를 가져서는 안 되며, 단순히 상대방의 매력에 현혹되어서도 안 돼요. 소위 외모 지상주의도 경계해야 하고요.

맹목적으로 종족 보존을 하는 것은 동물에게서 볼 수 있어요. 수컷은 수정이 끝나면 죽음을 맞이하거나 암컷에게 먹히기도 하고, 거미처럼 자식의 먹이가 되면서 자신이 보지 못할 후손을 위해 모든 희생을 치르기도 해요. 하지만 쇼펜하우어는 성을 단지 호기심이나 쾌락으로 여기지 않고 '종족 의지'를 이루는 중요한 요소로 생각했어요. 결혼의 목적이 개인의 쾌락이 아니라 종족의 영속이기 때문이지요. 생식은 자연의 목적이지만, 기만과 착각을 불러일으키는 연애는 피하고, 인간을 현혹하는 성욕도 억제해야 해요. 외모만 보지 말고 지적인 능력과 성격도 고려해야만 해요.

둘째, 아름다움을 가까이 해야 해요. 예술의 본질은 '바라보기[관조(觀照)]'예요. 이 세상에서 가장 아름다운 것을 꼽으라면 별을 들 수 있어요. 밤하늘에 빛나는 별을 바라보고 있으면 개인의 관심에 초연해지고 고통도 잊게 돼요. 아름다움이 주는 느낌은 감옥에 있는 죄수나 궁전 안에 있는 왕에게나 똑같아요. 풍경의 아름다움은 의지가 없는 관조의 축복이 가져다주는 기쁨이에요. 가장 높은 수준의 예술은 음악이지요. 아름다운 멜로디를 들으면서 의지로부터 벗어나 편안함을 가질 수 있으니까요. 음악은 관념의 매개 없이 감정에 직접 작용하여 고통을 가라앉혀 줘요. 위대한 예술은 욕망을 억제하여 고통의 그늘에서 벗어나게 해 줍니다.

셋째, 타인에게 동정심을 가져야 해요. 남의 고통을 자신의 고통으로 느끼는 사람은 이기적이지 않아서 남에게 친절을 베풀 수 있어요. 자신만 고통받고 있다고 생각하면 자살의 유혹 앞에서 약해지지만 눈을 돌려 보면 자신보다 더 불행한 사람들을 발견할 수 있어요. 쇼펜하우어는 고통받는 사람들과 더불어 살 수 있는 가능성을 찾았어요. 이것은 쾌락주의가 아니라 금욕주의를 통해서만 추구할 수 있는 행복이지요. 쾌락을 좇다 보면 다른 사람과 그만큼 충돌할 수 있지만, 고통을 줄이려고 하면 갈등이 줄게 되겠죠. 그렇게 자신의 의지를 포기하게 되면 다른 사람에 대한 연민과 사랑이 생기게 돼요.

즐거운 독서 퀴즈

1 제시문 A는 "쾌락을 멀리하라"고 강조하는 금욕주의를 설명하고 있어요. 제시문 B는 "쾌락은 행복이다"라고 강조하는 공리주의를 설명하고 있지요. 어떤 주장이 더 옳을까요? 자신의 생각을 적어 보세요.

제시문 A

현실은 고통과 궁핍, 그리고 악으로 가득 차 있다. 따라서 현실의 욕망과 쾌락에서 벗어나야 고통과 근심으로부터 해방된다. 깨달음에 도달하는 행복한 삶을 위해서는 쾌락을 멀리하는 금욕주의자가 되어야 한다.

제시문 B

'최대 다수의 최대 행복'이 인생의 목적이다. 따라서 쾌락은 선이고 고통은 악이다. 행복한 삶을 위해서는 쾌락을 늘리고 고통을 막아야 한다. 이것이 도덕과 법의 기초가 되어야 한다.

정답

금욕주의와 공리주의는 반대 주장을 펴고 있다. 금욕주의는 쾌락을 멀리해야 행복하고, 공리주의는 쾌락을 늘려야 행복하다고 말한다. 나는 두 가지 주장이 현실과 동떨어져 있다고 생각한다.

사람은 누구나 희로애락을 겪는다. 즐거움, 슬픔, 분노 등등. 혼자 외톨이로 살지 않는 한 이런 감정을 반드시 겪게 된다. 이 중 본능적인 감정인 쾌락을 멀리하는 삶이 과연 가능할까? 쾌락은 건강한 삶을 위해 필요한 감정이 아닐까? 나는 쾌락을 멀리할 필요가 없다고 생각한다.

또한 공리주의가 주장하는 '쾌락'은 알쏭달쏭하다. 과연 사람마다 다른 쾌락의 크기를 잴 수 있을까? 최대 다수의 최대 행복을 주장했는데, 다수가 쾌락을 누릴 수 있다면, 소수는 희생을 해도 괜찮은가? 누구는 하루 20시간의 쾌락을 누리고, 누구는 30분만 누린다면, 그런 불평등은 괜찮을까? 공리주의의 주장은 모호한 것이 많다.

네 생각은 어때? 문제 풀이

41p

영원히 살고 싶은 것이 사람의 희망이지만 죽음을 피할 수는 없어요. 그러나 죽음은 우리의 삶에 끝이 있다는 것을 보여 준다는 점에서 중요한 의미가 있어요. 영원히 살 수 있다면 사람들은 서로를 사랑하지도 않을 것이고, 매번 같은 사람만 보고 살면서 지쳐 버리고 말겠지요. 죽음이 있으므로 삶에 대한 사랑도 생겨나는 거예요. 이별이 있기 때문에 만남이 소중하듯이 죽음이 있기 때문에 삶의 가치가 빛난답니다. 죽음은 누구에게나 찾아옵니다. 병에 걸리거나 사고를 당하거나 신체가 늙으면 찾아오지요. 죽음은 어느 누구도 대신할 수가 없으며, 멀리 있는 것이 아니라 가까이에 항상 살아 있는 순간순간에 숨어 있어요. 그래서 죽음은 평생 동안 생각해야 할 주제이기도 해요. 많은 종교에서는 죽은 후에 천국이 있다고 주장하는데, 그것은 믿음의 문제이지 알 수는 없어요.

그렇다고 죽음이 항상 나쁜 것만은 아닙니다. 전쟁에서 죽임은 훈장감이고, 위험에 처했을 때 살인은 정당방위가 될 수도 있어요. 요즘에는 불치병에 걸린 사람들에게 죽을 수 있는 권리를 주어야 한다는 주장도 있어요. 치료가 불가능한 식물인간, 뇌사 상태에 빠져 있는 환자들과 그 가족에게 경제적, 정신적 고통을 줄여 주는 것이 죽음이 될 수 있다는 주장이지요.

그런데 자살은 심각한 문제예요. 사는 것이 힘들어 자살하게 되면 남은 가족은 평생 동안 죄책감에 시달리게 됩니다. 쇼펜하우어는 삶의 의미를 부정하면서도 자살은 어리석은 선택이라고 말했어요. 이 세상 사람들을 무지개에 비유한다면, 그것을 이루는 작은 물방울 하나하나가 바로 우리예요. 자살해서 물방울이 하나 사라진다 해도 변하는 것은 아무것도 없어요. 마찬가지로 세상에서 내가 죽어도 바뀌는 것은 아무것도 없다는 것이지요. 그럴 바에야 열심히 사는 것이 더 나은 선택이에요.

80p

'삶에의 의지'는 쇼펜하우어 철학에서 가장 중요한 용어입니다. 삶에의 의지는 마치 관성의 법칙처럼 끊임없이 움직이는 힘이에요. 무기물뿐만 아니라 식물과 동물 안에 있는 서로 당기고 성장하도록 하는 에너지예요. 차를 예로 들어 볼까요? 삶에의 의지는 엔진에 해당된다고 할 수 있어요. 그동안 철학에서는 차를 운전하는 역할을 하는 것이 인간의 이성이라고 보았어요. 하지만 쇼펜하우어는 그것이 인간의 욕망, 즉 의지라고 보았지요.

삶에의 의지는 우리의 신체를 보면 알 수 있어요. 우리의 신체가 삶에의 의지를 나타내고 있기 때문이에요. 입은 마시고자 하는 의지, 눈은 보고자 하는 의지, 위는 먹고자 하는 의지, 다리는 걷고자 하는 의지를 나타내요. 이러한 삶에의 의지는 인간의 무의식 안에 있는 욕망을 채우려고 애씁니다. 삶에의 의지는 맹목적이에요. 살려고 하는 자체가 목적이 될 뿐 다른 목표는 없어요. 삶에의 의지는 무슨 일이 있어도 자신의 생명을 유지하려고 해요. 생명의 불꽃이 꺼지지 않도록 안간힘을 씁니다. 영원히 살려고 하기 때문에 죽음을 두려워하고 피하려고 하지요.

108p

염세주의자는 인생이 고통스럽다고 말해요. 그러나 낙천주의자들은 하루하루 인생이 즐겁다고 말하지요. 염세주의자들은 태어나지 않은 것이 태어난 것보다 더 낫다고 생각하는데, 고통의 종류에는 여러 가지가 있어요. 우선 신체적인 고통으로는 배고픔이나 통증이 있고, 가난과 같은 경제적인 이유도 고통의 원인이 될 수 있어요. 그 외에도 고통은 셀 수 없이 많아요. 그러나 고통은 세상을 바라보는 관점의 차이에서도 생깁니다. 똑같은 것을 보더라도 전혀 다른 생각을 할 수 있기 때문이에요.

염세주의자들은 세상을 너무 비관적으로 보는 문제점을 갖고 있어요. 세상을 경멸하는 그들은 자신만을 생각하는 이기주의자예요. 세상에 나와 힘차게 싸울 생각은 하지 않고 처음부터 포기하는 것이 낫다고 생각하는 비겁한 사람이에요. 또한 한가하고 나태한 면이 있어요. 연금을 받아 편한 생활을 했던 쇼펜하우어처럼 염세주의자들은 고통이 없는 세상(열반)을 꿈꾸지만, 그것이 참된 이상은 아닐 거예요.

고난과 시련은 인간이 살아가는 데 필요한 영양분이에요. 고통을 이겨 내는 과정에서 인간은 더 큰 기쁨을 맛보기도 해요. 고통은 극복하라고 있는 것이지, 좌절하라고 있는 것은 아닙니다. 삶의 강화와 성장을 위해서는 장애물이 필요해요. 비극이 없는 삶은 따분할 뿐이에요. 도피, 안일, 복종과 안정을 바라는 것은 살려는 힘을 잃은 것일 뿐이에요. 쾌락도 고통 못지않게 강해요. 삶은 웃음과 활동, 그리고 사람을 만나는 즐거움으로 가득해요. 지성이 발달하고 경험이 쌓이는 것에 비례하여 고통뿐만 아니라 쾌락도 함께 증가해요. 현실이 고통으로 가득 차 있다고 해서 도피할 필요는 없어요. 죽음의 공포에 맞서 인생에 도전할 필요도 있어요.

137p

행복을 추구하는 방법에는 크게 적극적인 방법과 소극적인 방법 두 가지가 있어요. 공리주의는 인간의 행복을 쾌락을 늘리는 것으로 보았어요. 더 맛있는 것을 먹고, 더 넓은 집에 살면 행복해진다는 것이지요. 반대로 금욕주의는 쾌락을 물리치고 고통을 줄여 갈 것을 강조해요. 왜냐하면 인간의 욕심은 끝이 없기 때문에 불행해질 수 있다는 것이지요. 더 좋은 옷을 입으려고 돈을 쓰지만 욕심은 끝이 없어 결국은 만족이 안 된다는 것이지요. 그래서 절제의 미덕이 요구됩니다.

자, 그렇다면 행복하기 위해 어떻게 해야 할까요? 쾌락을 추구하게 되면 결과를 더 중요하게 생각하여 다른 사람과 맺은 계약이나 약속을 깰 위험이 있어요. 사회를 이루면서 살기 위해 필요한 신뢰, 우정, 사랑이 순식간에 돈이나 이익 때문에 파기될 수 있어요. 그리고 인간이 쾌락을 추구하는 '돼지'인가, 라는 비판도 있어요. 먹고 잠만 자는 돼지와 인간이 달라야 하겠지요. 인간에게는 명예와 품위 등도 행복의 조건이 될 수 있기 때문이에요.

쾌락주의와 반대로 금욕주의는 불교나 기독교에서 찾아볼 수 있어요. 특히 식욕과 탐욕, 그리고 성욕을 제한해요. 탐욕이 모든 고통의 근심이 되기 때문에 아예 마음의 크기를 줄이자는 것이지요. 욕심을 줄이는 만큼 만족감이나 행복은 커지기 마련이니까요. 하지만 행복은 두 극단에 있지 않고 몸과 마음, 쾌락과 금욕의 균형에 있다고 할 수 있어요.

쇼펜하우어가 들려주는 의지 이야기

쇼펜하우어의 고통에 맞서는 용기

초　판 1쇄 발행일 2006년 9월 16일
개정판 1쇄 발행일 2024년 1월 19일

지은이　강용수
그림　배유정
펴낸이　정은영

펴낸곳　(주)자음과모음
출판등록　2001년 11월 28일 제2001-000259호
주소　경기도 파주시 회동길 325-20
전화　편집부 (02)324-2347 경영지원부 (02)325-6047
팩스　편집부 (02)324-2348 경영지원부 (02)2648-1311
e-mail　jamoteen@jamobook.com

ISBN　978-89-544-5000-3 (73810)

이 책은 『쇼펜하우어가 들려주는 의지 이야기』(2006)의 개정증보판입니다.